# 高速铁路工务设备维护技术标准速查手册

李超雄　编

中国铁道出版社

2013年·北京

**图书在版编目(CIP)数据**

高速铁路工务设备维护技术标准速查手册/李超雄编.
北京:中国铁道出版社,2013.9(2015.12重印)
ISBN 978-7-113-17200-8

Ⅰ.①高… Ⅱ.①李… Ⅲ.①高速铁路—工务设备及检修作业—技术标准—手册 Ⅳ.①U238-62 ②U269.3-62

中国版本图书馆 CIP 数据核字(2013)第 211743 号

**书　　名:** 高速铁路工务设备维护技术标准速查手册
**作　　者:** 李超雄　编

---

**策　　划:** 时　博
**责任编辑:** 时　博　**编辑部电话:** (010)51873141　**电子信箱:** crph@163.com
**编辑助理:** 曹　旭
**封面设计:** 郑春鹏
**责任校对:** 龚长江
**责任印制:** 陆　宁

---

**出版发行:** 中国铁道出版社(100054, 北京市西城区右安门西街8号)
**网　　址:** http://www.tdpress.com
**印　　刷:** 航远印刷有限公司
**版　　次:** 2013年9月第1版　2015年12月第2次印刷
**开　　本:** 787 mm×1092 mm　1/32　印张: 5.125　字数: 112千
**书　　号:** ISBN 978-7-113-17200-8
**定　　价:** 18.00元

---

# 前　言

为了认真贯彻执行高速铁路各项规则和标准，给广大高速铁路工作者在日常生产工作中查阅或使用有关标准提供方便，我们根据实际需要，将已颁发实行的《高速铁路无砟轨道线路维修规则(试行)》、《高速铁路有砟轨道线路维修规则(试行)》、《高速铁路桥隧建筑物修理规则(试行)》和其他相关资料等，以图和表格形式并结合简要的文字说明，编写成此书，以期为广大高速铁路工作者现场应用，系统掌握和了解线路构造、设备的有关业务知识，创造有利条件。

由于所涉内容繁多，加之编者水平所限，书中难免有疏漏之处，敬请各位读者及时提出宝贵意见和建议，以便我们不断修订完善。

需要特别说明的是，本手册不作为工作依据。如本手册内容有与现行规章、规定不符之处，应以现行的规章、规定为准。

编　者

2013年8月

# 目　　录

# 第一章　无砟轨道线路

## 第一节　线路设备维修标准

### 一、轨道静态几何尺寸容许偏差管理值

1. 线路静态几何尺寸容许偏差管理值见表 1-1-1 和表 1-1-2。

**表 1-1-1　200 ~ 250 km/h 线路轨道静态几何尺寸容许偏差管理值**

| 项　目 | 作业验收 | 经常保养 | 临时补修 | 限速(160 km/h) |
|---|---|---|---|---|
| 轨距(mm) | +1<br>-1 | +4<br>-2 | +6<br>-4 | +8<br>-6 |
| 水平(mm) | 2 | 5 | 8 | 10 |
| 高低(mm) | 2 | 5 | 8 | 11 |
| 轨向(直线)(mm) | 2 | 4 | 7 | 9 |
| 扭曲(mm/3 m) | 2 | 4 | 6 | 8 |
| 轨距变化率 | 1/1 500 | 1/1 000 | — | — |

注:①高低和轨向偏差为 10 m 及以下弦测量的最大矢度值;
②扭曲偏差不含曲线超高顺坡造成的扭曲量。

**表 1-1-2　250(不含)~ 350 km/h 线路轨道静态几何尺寸容许偏差管理值**

| 项　目 | 作业验收 | 经常保养 | 临时补修 | 限速(200 km/h) |
|---|---|---|---|---|
| 轨距(mm) | +1<br>-1 | +4<br>-2 | +5<br>-3 | +6<br>-4 |
| 水平(mm) | 2 | 4 | 6 | 7 |
| 高低(mm) | 2 | 4 | 7 | 8 |
| 轨向(直线)(mm) | 2 | 4 | 5 | 6 |

续上表

| 项　目 | 作业验收 | 经常保养 | 临时补修 | 限速(200 km/h) |
|---|---|---|---|---|
| 扭曲(mm/3 m) | 2 | 3 | 5 | 6 |
| 轨距变化率 | 1/1 500 | 1/1 000 | — | — |

注:①高低和轨向偏差为 10 m 及以下弦测量的最大矢度值;
②扭曲偏差不含曲线超高顺坡造成的扭曲量。

2. 道岔静态几何尺寸容许偏差管理值见表 1-1-3 和表1-1-4。

**表 1-1-3　200 ~ 250 km/h 道岔静态几何尺寸容许偏差管理值**

| 项　目 | | 作业验收 | 经常保养 | 临时补修 | 限速(160 km/h) |
|---|---|---|---|---|---|
| 轨距(mm) | | +1<br>−1 | +4<br>−2 | +5<br>−2 | +8<br>−6 |
| 水平(mm) | | 2 | 5 | 7 | 10 |
| 高低(mm) | | 2 | 5 | 7 | 11 |
| 轨向(mm) | 直股 | 2 | 4 | 6 | 9 |
| | 支距 | 2 | 3 | 4 | — |
| 扭曲(mm/3 m) | | 2 | 4 | 6 | 8 |
| 轨距变化率 | | 1/1 500 | 1/1 000 | — | — |

注:①支距偏差为实际支距与计算支距之差,导曲线支距测量应从尖轨跟端开始直至道岔导曲线结束;
②导曲线下股高于上股的限值:12 号道岔作业验收为 2 mm,经常保养为 3 mm,临时补修为 5 mm;18 号及以上道岔作业验收为 0 mm,经常保养为 2 mm,临时补修为 3 mm。

**表 1-1-4　250(不含)~350 km/h 道岔静态几何尺寸容许偏差管理值**

| 项　目 | | 作业验收 | 经常保养 | 临时补修 | 限速(200 km/h) |
|---|---|---|---|---|---|
| 轨距(mm) | 岔区 | +1<br>−1 | +4<br>−2 | +5<br>−2 | +6<br>−4 |
| | 尖轨尖 | +1<br>−1 | +2<br>−2 | +3<br>−2 | |
| 水平(mm) | | 2 | 4 | 6 | 7 |

续上表

| 项　目 | | 作业验收 | 经常保养 | 临时补修 | 限速(200 km/h) |
|---|---|---|---|---|---|
| 高低(mm) | | 2 | 4 | 7 | 8 |
| 轨向(mm) | 直股 | 2 | 4 | 5 | 6 |
| | 支距 | 2 | 3 | 4 | — |
| 扭曲(mm/3 m) | | 2 | 3 | 5 | 6 |
| 轨距变化率 | | 1/1 500 | 1/1 000 | — | — |

注:①支距偏差为实际支距与计算支距之差;

②导曲线下股高于上股的限值:18 号及以上道岔作业验收为 0 mm,经常保养为 2 mm,临时补修为 3 mm。

3. 调节器静态几何尺寸容许偏差管理值见表 1-1-5 和表 1-1-6。

**表 1-1-5　200～250 km/h 调节器静态几何尺寸容许偏差管理值**

| 项　目 | | 作业验收 | 经常保养 | 临时补修 | 限速(160 km/h) |
|---|---|---|---|---|---|
| 轨距(mm) | 尖轨尖 | +1<br>−1 | +2<br>−2 | +3<br>−2 | +8<br>−6 |
| | 其他 | +1<br>−1 | +4<br>−2 | +5<br>−2 | |
| 水平(mm) | | 2 | 5 | 7 | 10 |
| 高低(mm) | | 2 | 5 | 7 | 11 |
| 轨向(mm) | | 2 | 4 | 6 | 9 |
| 扭曲(mm/3 m) | | 2 | 4 | 6 | 8 |
| 轨距变化率 | | 1/1 500 | 1/1 000 | — | — |

**表 1-1-6　250(不含)～350 km/h 调节器静态几何尺寸容许偏差管理值**

| 项　目 | | 作业验收 | 经常保养 | 临时补修 | 限速(200 km/h) |
|---|---|---|---|---|---|
| 轨距(mm) | 尖轨尖 | +1<br>−1 | +2<br>−2 | +3<br>−2 | +6<br>−4 |
| | 其他 | +1<br>−1 | +4<br>−2 | +5<br>−2 | |
| 水平(mm) | | 2 | 4 | 6 | 7 |

续上表

| 项　目 | 作业验收 | 经常保养 | 临时补修 | 限速(200 km/h) |
|---|---|---|---|---|
| 高低(mm) | 2 | 4 | 7 | 8 |
| 轨向(mm) | 2 | 4 | 5 | 6 |
| 扭曲(mm/3 m) | 2 | 3 | 5 | 6 |
| 轨距变化率 | 1/1 500 | 1/1 000 | — | — |

4. 轨道静态几何尺寸长弦测量作业验收容许偏差管理值见表1-1-7。

**表1-1-7　长弦测量作业验收容许偏差管理值**

| 项　目 | 基线长(m) | 测点间距(m) | 容许偏差(mm) |
|---|---|---|---|
| 高　低 | $480a$ | $240a$ | ≤10 |
| | $48a$ | $8a$ | ≤2 |
| 轨　向 | $480a$ | $240a$ | ≤10 |
| | $48a$ | $8a$ | ≤2 |

注:①表中 $a$ 为扣件节点间距,单位为 m。

②当弦长为 $48a$ 时,相距 $8a$ 的任意两测点实际矢度差与设计矢度差的偏差不得大于 2 mm;当弦长为 $480a$ 时,相距 $240a$ 的任意两测点实际矢度差与设计矢度差的偏差不得大于 10 mm。

③容许偏差指相距测点间距的任意两测点实际矢度差与设计矢度差的偏差。

5. 曲线正矢作业验收、经常保养和临时补修容许偏差管理值见表1-1-8和表1-1-9。

**表1-1-8　200~250 km/h 线路曲线正矢容许偏差管理值(mm)**

| 项　目 | 实测正矢与计算正矢差 | | 圆曲线正矢连续差 | 圆曲线最大最小正矢差 |
|---|---|---|---|---|
| | 缓和曲线 | 圆曲线 | | |
| 作业验收 | 2 | 3 | 4 | 5 |
| 经常保养 | 3 | 4 | 5 | 6 |
| 临时补修 | 5 | 6 | 7 | 8 |

注:曲线正矢用 20 m 弦在钢轨踏面下 16 mm 处测量。

表 1-1-9　250（不含）~350 km/h 线路曲线正矢容许偏差管理值（mm）

| 项　目 | 实测正矢与计算正矢差 | | 圆曲线正矢连续差 | 圆曲线最大最小正矢差 |
|---|---|---|---|---|
| | 缓和曲线 | 圆曲线 | | |
| 作业验收 | 2 | 3 | 3 | 5 |
| 经常保养 | 3 | 4 | 5 | 6 |
| 临时补修 | 4 | 5 | 6 | 8 |

注：曲线正矢用 20 m 弦在钢轨踏面下 16 mm 处测量。

## 二、轨道动态不平顺管理值

动态不平顺管理分为峰值管理和均值管理。

（一）峰值管理

1. 轨道动态检查项目及评分标准见表 1-1-10。

表 1-1-10　轨道动态检查项目及评分标准

| 动态检查项目 | 轨距、水平、轨向、高低、扭曲、复合不平顺、车体垂向振动加速度、车体横向振动加速度、轨距变化率 | | | |
|---|---|---|---|---|
| 项目偏差等级 | Ⅰ级 | Ⅱ级 | Ⅲ级 | Ⅳ级 |
| 偏差扣分标准 | 1 分 | 5 分 | 100 分 | 301 分 |
| 动态评定标准（每千米线路） | 优良：总扣分在 50 分及以内；合格：总扣分在 51~300 分；失格：总扣分在 300 分以上 | | | |

2. 各项目偏差等级划分及容许偏差管理值：

线路（含道岔及调节器范围）各项偏差等级划分为四级（200~250 km/h 线路见表 1-1-11，250（不含）~350 km/h 线路见表 1-1-12）。

表 1-1-11　200~250 km/h 线路轨道动态质量容许偏差管理值

| 项　目 | 经常保养 | 舒适度 | 临时补修 | 限速（160 km/h） |
|---|---|---|---|---|
| 偏差等级 | Ⅰ级 | Ⅱ级 | Ⅲ级 | Ⅳ级 |
| 轨距（mm） | +4<br>−3 | +6<br>−4 | +8<br>−6 | +12<br>−8 |

续上表

| 项　目 | | 经常保养 | 舒适度 | 临时补修 | 限速(160 km/h) |
|---|---|---|---|---|---|
| 偏差等级 | | Ⅰ级 | Ⅱ级 | Ⅲ级 | Ⅳ级 |
| 水平(mm) | | 5 | 8 | 10 | 13 |
| 扭曲(基长3 m)(mm) | | 4 | 6 | 8 | 10 |
| 高低(mm) | 波长<br>1.5～42 m | 5 | 8 | 11 | 14 |
| 轨向(mm) | | 5 | 7 | 8 | 10 |
| 高低(mm) | 波长<br>1.5～70 m | 6 | 10 | 15 | — |
| 轨向(mm) | | 6 | 8 | 12 | — |
| 车体垂向加速度($m/s^2$) | | 1.0 | 1.5 | 2.0 | 2.5 |
| 车体横向加速度($m/s^2$) | | 0.6 | 0.9 | 1.5 | 2.0 |
| 轨距变化率(基长3m)(‰) | | 1.0 | 1.2 | — | — |

注:①表中管理值为轨道不平顺实际幅值的半峰值;
②水平限值不包含曲线按规定设置的超高值及超高顺坡量;
③扭曲限值包含缓和曲线超高顺坡造成的扭曲量;
④车体垂向加速度采用20 Hz低通滤波,车体横向加速度Ⅰ、Ⅱ级标准采用0.5～10 Hz带通滤波处理的值进行评判,Ⅲ、Ⅳ级标准采用10 Hz低通滤波处理的值进行评判;
⑤避免出现连续多波不平顺和轨向、水平逆向复合不平顺。

**表1-1-12　250(不含)～350 km/h线路轨道动态质量容许偏差管理值**

| 项　目 | | 经常保养 | 舒适度 | 临时补修 | 限速(200 km/h) |
|---|---|---|---|---|---|
| 偏差等级 | | Ⅰ级 | Ⅱ级 | Ⅲ级 | Ⅳ级 |
| 轨距(mm) | | +4<br>−3 | +6<br>−4 | +7<br>−5 | +8<br>−6 |
| 水平(mm) | | 5 | 6 | 7 | 8 |
| 扭曲(基长3 m)(mm) | | 4 | 6 | 7 | 8 |
| 高低(mm) | 波长<br>1.5～42 m | 4 | 6 | 8 | 10 |
| 轨向(mm) | | 4 | 5 | 6 | 7 |
| 高低(mm) | 波长<br>1.5～120 m | 7 | 9 | 12 | 15 |
| 轨向(mm) | | 6 | 8 | 10 | 12 |

续上表

| 项　目 | 经常保养 | 舒适度 | 临时补修 | 限速(200 km/h) |
|---|---|---|---|---|
| 偏差等级 | Ⅰ级 | Ⅱ级 | Ⅲ级 | Ⅳ级 |
| 复合不平顺(mm) | 6 | 8 | — | — |
| 车体垂向加速度($m/s^2$) | 1.0 | 1.5 | 2.0 | 2.5 |
| 车体横向加速度($m/s^2$) | 0.6 | 0.9 | 1.5 | 2.0 |
| 轨距变化率(基长3 m)(‰) | 1.0 | 1.2 | — | — |

注:①表中管理值为轨道不平顺实际幅值的半峰值;
②水平限值不包含曲线按规定设置的超高值及超高顺坡量;
③扭曲限值包含缓和曲线超高顺坡造成的扭曲量;
④车体垂向加速度采用20 Hz低通滤波;车体横向加速度Ⅰ、Ⅱ级标准采用0.5~10 Hz带通滤波处理的值进行评判,Ⅲ、Ⅳ级标准采用10 Hz低通滤波处理的值进行评判;
⑤复合不平顺指水平和轨向逆向复合不平顺,按水平和1.5~42 m轨向代数差计算。避免出现连续多波不平顺。

## (二)均值管理

200~250 km/h和250(不含)~350 km/h线路轨道质量指数(TQI)和单项标准差管理值见表1-1-13和表1-1-14。

**表1-1-13　200~250 km/h线路轨道质量指数(TQI)管理值**

| 项　目 | | 高低 | 轨向 | 轨距 | 水平 | 扭曲 | TQI |
|---|---|---|---|---|---|---|---|
| 波长范围 | 1.5~42 m | 1.4×2 | 1.0×2 | 0.9 | 1.1 | 1.2 | 8.0 |

注:波长范围为1.5~42 m的单项标准差计算长度200 m。

**表1-1-14　250(不含)~350 km/h线路轨道质量指数(TQI)管理值**

| 项　目 | | 高低 | 轨向 | 轨距 | 水平 | 扭曲 | TQI |
|---|---|---|---|---|---|---|---|
| 波长范围 | 1.5~42 m | 0.8×2 | 0.7×2 | 0.6 | 0.7 | 0.7 | 5.0 |

注:波长范围为1.5~42 m的单项标准差计算长度200 m。

## 三、车辆动力学指标管理值

车辆动力学指标包括脱轨系数、轮重减载率、轮轴横向力,横向力和垂向力通过综合检测列车的测力轮对来测量。

车辆动力学指标管理值见表1-1-15。

**表1-1-15　车辆动力学指标管理值**

| 项目 | 脱轨系数 $Q/P$ | 轮重减载率 $\Delta P/\overline{P}$ | 轮轴横向力 $H$(kN) |
|---|---|---|---|
| 管理值 | ≤0.8 | ≤0.8 | $\leq 10 + P_0/3$ |

注:①$Q$ 为轮轨横向力;$P$ 为轮轨垂向力;$\overline{P}$ 为平均静轮重;$\Delta P$ 为轮轨垂向力相对平均静轮重的减载量;$P_0$ 为静轴重;

②间断式测力轮对的轮重减载率按双峰值评定。

## 第二节　线路设备标准和修理要求

### 一、线路平面

1. 曲线超高应满足旅客舒适度要求,按设计允许速度(设计有预留速度时按预留速度)进行计算并设置。允许速度200～350 km/h铁路曲线超高见表1-2-1、表1-2-2。

**表1-2-1　允许速度200～350 km/h铁路曲线超高**

| 名称 | 超高 | 欠超高 | 过超高 | 曲线超高顺坡率 | 备注 |
|---|---|---|---|---|---|
| 曲线 | 不大于175 mm | 不大于40 mm | 不大于70 mm | 不大于 $1/(10v_{max})$ | 一般条件下 |
| | | 不大于60 mm | | 不大于 $1/(9v_{max})$ | 困难条件下 |

注:初期兼顾货运的客运专线,货物列车按80 km/h速度检算时,最大过超高不得大于90 mm。

**表1-2-2　车站两端曲线超高**

| 名称 | 旅客列车进出站通过曲线时的速度 | 过超高 | 备注 |
|---|---|---|---|
| 车站两端曲线 | $v \leq 160$ km/h | 不大于90 mm | 一般条件下 |
| | | 不大于110 mm | 困难条件下 |
| | 160 km/h $< v \leq 200$ km/h | 不大于90 mm | 困难条件下 |

续上表

| 名称 | 旅客列车进出站通过曲线时的速度 | 过超高 | 备注 |
| --- | --- | --- | --- |
| 车站两端曲线 | $200\ \text{km/h} < v \leqslant 250\ \text{km/h}$ | 不大于 80 mm | 困难条件下 |

注：$v$ 为旅客列车进出站通过曲线时的速度。在使用困难条件时，原则上应先用足进出站列车的过超高困难条件，再使用通过列车的欠超高困难条件；若仍不满足要求，应适当降低线路允许速度，直至超高设置符合规定。

2. 未被平衡欠超高和未被平衡过超高分别按下列公式检算：

$$H_c = 11.8\frac{v_{max}^2}{R} - H \qquad H_g = H - 11.8\frac{v_h^2}{R}$$

式中 $H$——实设超高（mm）；

$H_c$——未被平衡欠超高（mm）；

$H_g$——未被平衡过超高（mm）；

$v_{max}$——线路允许（预留）速度（km/h）；

$v_h$——兼顾货运的线路为货物列车最高行车速度（km/h），只运行客车的线路为低速客车行车速度（km/h）。

3. 区间及站内正线线间距不应小于表 1-2-3 的规定，曲线地段可不加宽。正线与既有铁路或客货共线铁路并行地段线间距不应小于 5.3 m。

**表 1-2-3 区间及站内正线线间距**

| 设计行车速度（km/h） | 350 | 300 | 250 | 200 |
| --- | --- | --- | --- | --- |
| 最小线间距（m） | 5.0 | 4.8 | 4.6 | 4.4 |

4. 夹直线长度应满足表 1-2-4 条件。

**表 1-2-4 夹直线长度**

| 地 点 | 一般条件 | 困难条件 | 备 注 |
| --- | --- | --- | --- |
| 相邻两曲线间夹直线长度 | 不小于 $0.8v_{max}$ | 不小于 $0.6v_{max}$ | |
| 两缓和曲线间圆曲线最小长度 | | | |

续上表

| 地　　点 | 一般条件 | 困难条件 | 备　注 |
|---|---|---|---|
| 正线曲线与道岔间夹直线长度 | 不小于 $0.6v_{max}$ | 不小于 $0.5v_{max}$ | |
| 正线道岔对向设置，道岔间直线段长度 | 不小于 50 m | 不小于 33 m | 有列车同时通过两侧线时 |
| | 不小于 25 m | | 无列车同时通过两侧线或道岔顺向布置时 |

## 二、线路纵断面

1. 线路最大坡度应满足表 1-2-5 条件。

**表 1-2-5　正线线路最大坡度**

| 设计行车速度(km/h) | 200 ~ 250(不含) | 250 ~ 350 | 备　注 |
|---|---|---|---|
| 最大坡度(‰) | 不应大于 20 | 不宜大于 20 | 一般条件下 |
| | | 不应大于 30 | 困难条件下 |

2. 正线最小坡段长度应符合表 1-2-6 的规定。一般条件的最小坡段长度不宜连续采用，困难条件下的最小坡段长度不得连续采用。

**表 1-2-6　最小坡段长度**

| 设计行车速度(km/h) | 350 | 300 | 250 | 200 |
|---|---|---|---|---|
| 一般条件(m) | 2 000 | 1 200 | 1 200 | 800 |
| 困难条件(m) | 900 | 900 | 900 | 600 |

3. 坡段间连接应符合下列规定：

(1) 正线相邻坡段坡度差大于或等于 1‰时，应设置圆曲线型竖曲线连接。最小竖曲线半径按表 1-2-7 选用，最大竖曲线半径不应大于 30 000 m，最小竖曲线长度不得小于 25 m。

表 1-2-7　最小竖曲线半径

| 设计行车速度(km/h) | 350 | 300 | 250 | 200 |
|---|---|---|---|---|
| 最小竖曲线半径(m) | 25000 | 25000 | 20000 | 15000 |

(2)竖曲线(或变坡点)与缓和曲线、道岔及调节器均不得重叠设置。

(3)竖曲线与平面圆曲线不宜重叠设置,困难条件下应符合表 1-2-8 规定。

表 1-2-8　竖曲线与平面圆曲线重叠设置的曲线半径最小值

| 设计行车速度(km/h) | 350 | 300 | 250 | 200 |
|---|---|---|---|---|
| 平面最小圆曲线半径(m) | 6000 | 4500 | 3000 | — |
| 最小竖曲线半径(m) | 25000 | 25000 | 20000 | — |

(4)正线两线并行时,两线轨面高程宜按等高(曲线地段为内轨面等高)设置。

## 三、无砟道床

无砟道床伤损等级分为Ⅰ级、Ⅱ级、Ⅲ级。伤损等级判定标准如下。

1. CRTSⅠ型板式无砟道床伤损形式及伤损等级判定标准见表 1-2-9。

表 1-2-9　CRTS Ⅰ型板式无砟道床伤损形式及伤损等级判定标准(mm)

| 伤损部位 | 伤损形式 | 判定项目 | 评定等级 | | | 备　注 |
|---|---|---|---|---|---|---|
| | | | Ⅰ | Ⅱ | Ⅲ | |
| 预应力轨道板 | 裂　缝 | 宽　度 | 0.1 | 0.2 | 0.3 | 掉块、缺损或封端脱落应适时修补 |
| | 锚穴封端离缝 | 宽　度 | 0.2 | 0.5 | 1.0 | |

续上表

| 伤损部位 | 伤损形式 | 判定项目 | 评定等级 | | | 备　注 |
|---|---|---|---|---|---|---|
| | | | Ⅰ | Ⅱ | Ⅲ | |
| 普通轨道板 | 裂　缝 | 宽　度 | 0.2 | 0.3 | 0.5 | 掉块、缺损或封端脱落应适时修补 |
| 凸形挡台 | 裂　缝 | 宽　度 | 0.2 | 0.3 | 0.5 | |
| 底　　座 | 裂　缝 | 宽　度 | 0.2 | 0.3 | 0.5 | |
| 底座伸缩缝 | 离　缝 | 宽　度 | 1.0 | 2.0 | 3.0 | 路基、隧道地段 |
| 水泥乳化沥青砂浆 | 离　缝 | 宽　度 | 1.0 | 1.5 | 2.0 | 掉块、缺损或剥落应适时修补 |
| | | 横向深度 | 20～50 | 50～100 | ≥100 | |
| | | 对角长度 | 20～30 | 30～50 | ≥50 | |
| | 裂　缝 | 宽　度 | 0.2 | 0.5 | 1.0 | |
| 凸形挡台周围填充树脂 | 离　缝 | 宽　度 | 1.0 | 2.0 | 3.0 | 缺损应适时修补 |
| | 裂　缝 | 宽　度 | 0.2 | 0.5 | 1.0 | |

2. CRTSⅡ型板式无砟道床伤损形式及伤损等级判定标准见表1-2-10。

**表1-2-10　CRTSⅡ型板式无砟道床伤损形式及伤损等级判定标准(mm)**

| 伤损部位 | 伤损形式 | 判定项目 | 评定等级 | | | 备　注 |
|---|---|---|---|---|---|---|
| | | | Ⅰ | Ⅱ | Ⅲ | |
| 轨道板 | 裂　缝 | 宽　度 | 0.1 | 0.2 | 0.3 | 预裂缝处的裂缝除外，掉块或缺损应适时修补 |
| 板间接缝 | 裂　缝 | 宽　度 | 0.2 | 0.3 | 0.5 | 掉块或缺损应适时修补 |
| | 离　缝 | 宽　度 | 0.2 | 0.3 | 0.5 | |
| 支承层 | 裂　缝 | 宽　度 | 0.2 | 0.5 | 1.0 | |
| 底座板 | 裂　缝 | 宽　度 | 0.2 | 0.3 | 0.5 | |

续上表

| 伤损部位 | 伤损形式 | 判定项目 | 评定等级 | | | 备　注 |
|---|---|---|---|---|---|---|
| | | | Ⅰ | Ⅱ | Ⅲ | |
| 侧向挡块 | 裂　缝 | 宽　度 | 0.2 | 0.3 | 0.5 | 掉块或缺损应适时修补 |
| 挤 塑 板 | 离　缝 | 宽　度 | 0.2 | 0.5 | 1.0 | |
| 挤 塑 板 | 离　缝 | 宽　度 | 0.2 | 0.5 | 1.0 | |
| 水泥乳化沥青砂浆充填层 | 离　缝 | 宽　度 | 0.5 | 1.0 | 1.5 | 掉块、缺损或剥落应适时修补 |
| | | 深　度 | 20 ~ 50 | 50 ~ 100 | ≥100 | |
| | | 对角长度 | 20 ~ 30 | 30 ~ 50 | ≥50 | |
| | 裂　缝 | 宽　度 | 0.2 | 0.5 | 1.0 | |

3. 双块式无砟道床伤损形式及伤损等级判定标准见表1-2-11。

**表 1-2-11　双块式无砟轨道道床伤损形式及伤损等级判定标准(mm)**

| 伤损部位 | 伤损形式 | 判定项目 | 评定等级 | | | 备　注 |
|---|---|---|---|---|---|---|
| | | | Ⅰ | Ⅱ | Ⅲ | |
| 双块式轨枕 | 裂　缝 | 宽　度 | 0.1 | 0.2 | 0.3 | 掉块、缺损应适时修补，挡肩失效应及时修补 |
| 道 床 板 | 裂　缝 | 宽　度 | 0.2 | 0.3 | 0.5 | |
| | 轨枕界面裂缝 | 宽　度 | 0.2 | 0.3 | 0.5 | |
| 支 承 层 | 裂　缝 | 宽　度 | 0.2 | 0.5 | 1.0 | |
| 底　座 | 裂　缝 | 宽　度 | 0.2 | 0.3 | 0.5 | |

4. 道岔区轨枕埋入式无砟道床伤损形式及伤损等级判定标准见表1-2-12。

5. 道岔区板式无砟道床伤损形式及伤损等级判定标准见表1-2-13。

表 1-2-12　道岔区轨枕埋入式无砟道床伤损形式及伤损等级判定标准(mm)

<table>
<tr><th rowspan="2">伤损部位</th><th rowspan="2">伤损形式</th><th rowspan="2">判定项目</th><th colspan="3">评定等级</th><th rowspan="2">备　注</th></tr>
<tr><th>Ⅰ</th><th>Ⅱ</th><th>Ⅲ</th></tr>
<tr><td>岔　枕</td><td>裂　缝</td><td>宽　度</td><td>0.1</td><td>0.2</td><td>0.3</td><td></td></tr>
<tr><td rowspan="2">道床板</td><td>裂　缝</td><td>宽　度</td><td>0.2</td><td>0.3</td><td>0.5</td><td rowspan="5">掉块或缺损应适时修补</td></tr>
<tr><td>岔枕界面裂缝</td><td>宽　度</td><td>0.2</td><td>0.3</td><td>0.5</td></tr>
<tr><td>底　座</td><td>裂　缝</td><td>宽　度</td><td>0.2</td><td>0.3</td><td>0.5</td></tr>
<tr><td>支承层</td><td>裂　缝</td><td>宽　度</td><td>0.2</td><td>0.5</td><td>1.0</td></tr>
<tr><td>底座伸缩缝</td><td>离　缝</td><td>宽　度</td><td>1.0</td><td>2.0</td><td>3.0</td></tr>
</table>

表 1-2-13　道岔区板式无砟道床伤损形式及伤损等级判定标准(mm)

<table>
<tr><th rowspan="2">伤损部位</th><th rowspan="2">伤损形式</th><th rowspan="2">判定项目</th><th colspan="3">评定等级</th><th rowspan="2">备　注</th></tr>
<tr><th>Ⅰ</th><th>Ⅱ</th><th>Ⅲ</th></tr>
<tr><td>道岔板</td><td>裂　缝</td><td>宽　度</td><td>0.2</td><td>0.3</td><td>0.5</td><td>掉块或缺损应适时修补</td></tr>
<tr><td rowspan="2">底　座</td><td>裂　缝</td><td>宽　度</td><td>0.2</td><td>0.3</td><td>0.5</td><td rowspan="3">路基地段,掉块或缺损应适时修补</td></tr>
<tr><td>离　缝</td><td>宽　度</td><td>0.2</td><td>0.3</td><td>0.5</td></tr>
<tr><td>找平层</td><td>裂　缝</td><td>宽　度</td><td>0.2</td><td>0.3</td><td>0.5</td></tr>
<tr><td rowspan="4">水泥乳化沥青砂浆</td><td rowspan="3">离　缝</td><td>宽　度</td><td>0.5</td><td>1.0</td><td>1.5</td><td rowspan="5">桥梁地段,掉块、缺损或剥落应适时修补</td></tr>
<tr><td>深　度</td><td>20~50</td><td>50~100</td><td>≥100</td></tr>
<tr><td>对角长度</td><td>20~30</td><td>30~50</td><td>≥50</td></tr>
<tr><td>裂　缝</td><td>宽　度</td><td>0.2</td><td>0.5</td><td>1.0</td></tr>
<tr><td>挤塑板</td><td>离　缝</td><td>宽　度</td><td>0.2</td><td>0.5</td><td>1.0</td></tr>
</table>

## 四、钢　　轨

1. 钢轨应符合《高速铁路用钢轨》(TB/T 3276)规定。

钢轨几何尺寸、平直度和扭曲、表面质量缺陷深度允许偏差分别见表1-2-14、表1-2-15和表1-2-16。

**表1-2-14　钢轨几何尺寸允许偏差（mm）**

| 项　目 | 允　许　偏　差 |
|---|---|
| 钢轨高度 | ±0.6 |
| 轨头宽度 | ±0.5 |
| 轨冠饱满度 | +0.6，-0.3 |
| 轨底宽度 | ±1.0 |
| 轨腰厚度 | +1.0，-0.5 |
| 轨底边缘厚度 | +0.75，-0.5 |
| 接头夹板安装面斜度 | ±0.50 |
| 接头夹板安装面高度 | +0.6，-0.5 |
| 轨底凹陷 | ≤0.3 |
| 端面斜度（垂直、水平方向） | ≤0.6 |
| 断面不对称 | ±1.2 |
| 长度（环境温度20℃时） | 100 m ±30 |
| 螺栓孔直径 | ±0.7 |
| 螺栓孔位置 | ±0.7 |

**表1-2-15　钢轨平直度和扭曲允许偏差**

| 部　位 | 项　目 | 允　许　偏　差 |
|---|---|---|
| 轨端0~2m部位 | 垂直（向上） | 0~1 m：≤0.3 mm/1 m<br>0~2 m：≤0.4 mm/2 m |
| | 垂直（向下） | ≤0.2 mm/2 m |
| | 水平（左右） | 0~1 m：≤0.4 mm/1 m<br>0~2 m：≤0.6 mm/2 m |
| 距轨端1~3 m部位 | 垂　直 | ≤0.3 mm/2 m |
| | 水　平 | ≤0.6 mm/2 m |

续上表

| 部　位 | 项目 | 允　许　偏　差 |
|---|---|---|
| 轨　身 | 垂　直 | ≤0.3 mm/3 m 和 0.2 mm/1 m |
| | 水　平 | ≤0.5 mm/2 m |
| 钢轨全长 | 上弯曲和下弯曲 | ≤10 mm |
| | 侧弯曲 | 弯曲半径 $R>1\,500$ m |
| | 扭　曲 | 轨端 1 m 内≤0.45 mm |

**表 1-2-16　钢轨表面缺陷深度允许偏差**

| 表面缺陷类别 | 允许偏差 |
|---|---|
| 热轧状态下刮伤、轧痕、纵向线纹、折叠、氧化皮压入轧痕深度 | 轨头踏面≤0.35 mm<br>其他部位≤0.50 mm |
| 冷态下形成的纵、横向划痕、碰伤深度 | 轨头踏面和轨底下表面≤0.30 mm<br>其他部位≤0.50 mm |
| 表面缺陷修磨（最大允许修磨深度和修磨处数） | 踏面 0.35 mm；其他部位 0.5 mm<br>每 10 m 可修磨一处 |

2. 钢轨伤损按程度分为轻伤、重伤和折断三类。

钢轨轻伤和重伤评判标准见表 1-2-17、表 1-2-18 和表 1-2-19。

**表 1-2-17　钢轨轻伤和重伤评判标准**

| 伤　损　项　目 | 伤损程度 | | 备　注 |
|---|---|---|---|
| | 轻　伤 | 重　伤 | |
| 钢轨头部磨耗 | 磨耗量超过表 1-2-18 所列限度之一者 | 磨耗量超过表 1-2-19 所列限度之一者 | |
| 轨顶面擦伤 | 200 ~ 250 km/h：深度大于 0.5 mm | 200 ~ 250 km/h：深度大于 1 mm | |
| | 250（不含）~ 350 km/h：深度大于 0.35 mm | 250（不含）~ 350 km/h：深度大于 0.5 mm | |
| 剥离掉块 | — | 有 | |
| 波形磨耗 | — | 谷深 ≥0.2 mm | |
| 焊接接头低塌 | 0.2 mm < 低塌 < 0.4 mm | 低塌 ≥0.4 mm | 1 m 直尺测量 |

续上表

| 伤损项目 | | 伤损程度 | | 备注 |
|---|---|---|---|---|
| | | 轻伤 | 重伤 | |
| 钢轨表面裂纹 | | — | 出现轨头下颚水平裂纹(透锈)、轨腰水平裂纹、轨头纵向裂纹、轨底裂纹等 | 不含轮轨接触疲劳引起轨顶面表面或近表面的鱼鳞裂纹 |
| 超声波探伤缺陷 | 焊接及材质缺陷 | 焊接缺陷或钢轨内部材质缺陷未达到判废标准,但与判废标准差值小于6 dB | 焊接缺陷或钢轨内部材质缺陷达到判废标准 | |
| | 内部裂纹 | — | 横向、纵向、斜向及其他裂纹和内部裂纹造成的踏面凹陷(隐伤) | |
| 钢轨锈蚀 | | — | 经除锈后,轨底厚度不足8 mm或轨腰厚度不足12 mm | |

注:谷深为相邻波峰与波谷间的垂直距离。

**表 1-2-18　钢轨头部磨耗轻伤标准(mm)**

| 名　称 | 总磨耗 | 垂直磨耗 | 侧面磨耗 |
|---|---|---|---|
| 区间钢轨、导轨 | 9 | 8 | 10 |
| 基本轨、翼轨 | 7 | 6 | 8 |
| 尖轨、心轨、叉跟尖轨 | 6 | 4 | 6 |

注:①总磨耗 = 垂直磨耗 + 1/2 侧面磨耗;

②对于导轨、翼轨及尖轨、心轨、叉跟尖轨全断面区段,垂直磨耗在钢轨顶面宽 1/3 处(距标准工作边)测量;对于尖轨、心轨、叉跟尖轨机加工区段,垂直磨耗自轨头最高点测量;

③侧面磨耗在钢轨踏面(按标准断面)下 16 mm 处测量;

④磨耗影响转换设备安装时,按重伤处理;

⑤基本轨、翼轨、尖轨、心轨磨耗会影响密贴及轨件高差,磨耗的轻重伤标准应较区间钢轨严格。

3. 当钢轨出现表 1-2-20 所列表面轻伤及其他表面伤损时,应及时进行修复,或采用无损加固处理。

**表 1-2-19　钢轨头部磨耗重伤标准(mm)**

| 名　称 | 垂直磨耗 | 侧面磨耗 |
|---|---|---|
| 区间钢轨、导轨 | 10 | 12 |
| 基本轨、翼轨 | 8 | 10 |
| 尖轨、心轨、叉跟尖轨 | 6 | 8 |

**表 1-2-20　钢轨病害整治限度**

| 钢轨病害 | 限　度 | | 测量方法 |
|---|---|---|---|
| | 200~250 km/h | 250(不含)~350 km/h | |
| 钢轨肥边 | >1 mm | >0.8 mm | 直尺、深度尺测量 |
| 轨顶面擦伤 | 深度大于 0.5 mm | 深度大于 0.35 mm | |
| 硬　弯 | >0.3 mm | >0.2 mm | 1 m 直尺测量矢度 |
| 焊缝(接头)轨顶面低塌或马鞍形磨耗 | >0.3 mm | >0.2 mm | |
| 波形磨耗 | 钢轨表面有周期性波磨且平均谷深超过 0.04 mm(车载检测)或最大谷深达到 0.08 mm(手工检测),波长不大于 300 mm | 钢轨表面有周期性波磨且平均谷深超过 0.04 mm(车载检测)或最大谷深达到 0.08 mm(手工检测),波长不大于 300 mm | 测试精度 0.01 mm 及以上,且测试长度不小于采样窗长度 |
| 表面局部微细疲劳裂纹(鱼鳞纹) | 肉眼可见 | 肉眼可见 | 目　视 |
| 尖轨扭转、硬弯、尖轨磨耗、心轨磨耗造成光带异常并影响行车稳定性时 | 尖轨相对于基本轨降低值偏差超过 1 mm 且车体横向、垂向加速度三级偏差 | 尖轨相对于基本轨降低值偏差超过 1 mm 且车体横向、垂向加速度三级偏差 | 人工及综合检测列车 |

4. 钢轨打磨质量技术要求:

打磨廓形应符合设计要求,并采用模板或钢轨轮廓(磨耗)测量仪进行打磨廓形检查和验收。钢轨打磨作业后应满足表 1-2-21 和表 1-2-22 的要求。

表 1-2-21　钢轨打磨作业验收标准(mm)

| 项　　目 | 验收标准 | 测量方法 | 说　明 |
| --- | --- | --- | --- |
| 钢轨母材轨头内侧工作面 | +0.2<br>0 | 1 m<br>直尺测量矢度 | "+"表示凹进 |
| 钢轨母材轨顶面或马鞍形磨耗 | +0.2<br>0 | | "+"表示凸出 |
| 焊缝顶面 | +0.2<br>0 | | "+"表示凸出 |
| 焊缝内侧工作面 | +0.2<br>0 | | "+"表示凹进 |

表 1-2-22　钢轨波磨打磨作业验收标准

| 项　目 | 验　收　标　准 | | | | 测量方法 | 说　明 |
| --- | --- | --- | --- | --- | --- | --- |
| 波长(mm) | 10~30 | 30~100 | 100~300 | 300~1 000 | | |
| 采样窗长度(mm) | 600 | 600 | 1 000 | 5 000 | | |
| 谷深平均值(mm) | 0.02 | 0.02 | 0.03 | 0.15 | 测试精度0.01 mm及以上,且测试长度不小于采样窗长度 | 打磨作业完成后8天内或在打磨后通过总重30万t之前测量 |
| 允许超限百分率 | 5 % | 5 % | 5 % | 5 % | 连续测量打磨波磨钢轨长度100m(车载检测)或30m(手工检测) | |

## 五、扣　件

1. 无砟轨道扣件技术参数见表1-2-23。

表 1-2-23　无砟轨道扣件技术参数

| 扣件类型 | 主要技术参数 |
| --- | --- |
| WJ-7 型扣件 | 弹条:一般地段使用W1,扭矩力为100~140 N·m;桥上使用X2,扭矩力为70~90 N·m;W1 型弹条的直径为14 mm,X2 型弹条的 |

续上表

| 扣件类型 | 主要技术参数 |
|---|---|
| WJ-7 型扣件 | 直径为 13 mm。(2)轨下调高垫板分为 0.5 mm、1 mm 、2 mm 、5 mm、8 mm 五种规格;(3)铁垫板下调高垫板为 8 mm 一种。(4)绝缘块分为 9 号和 10 号两种。(5)锚固螺栓扭矩为 300 ~ 350 N · m |
| WJ-8 型扣件 | (1)弹条:一般地段使用 W1,扭矩力为 130 ~ 170 N · m;桥上使用 X2,扭矩力为 90 ~ 120 N · m,W1 型弹条的直径为 14 mm,X2 型弹条的直径为 13 mm。(2)轨下调高垫板分为 1 mm 、2 mm 、5 mm 、8 mm四种规格;(3)铁垫板下调高垫板分为 5 mm 、10 mm 两种。(4)轨距挡板:一般地段为 2 ~ 12 号 11 种规格,接头处为 2 ~ 9 号 8 种规格。(5)绝缘块:一般地段采用 I 型,钢轨接头处采用 II 型。(6)锚固螺栓扭矩为 300 ~ 350 N · m |
| W300-1 型扣件 | (1)弹条:一般地段使用 SKL15 型弹条,扭矩力为 210 ~ 250 N · m,桥上使用 SKL B15 型弹条,扭矩力为 150 ~ 180 N · m,SKL15 型弹条的直径为 15 mm,SKL B15 型弹条的直径为 13 mm。(2)轨下垫板有 2 ~ 8 mm7 种,标准规格轨下垫板厚度为 6 mm。(3)调高垫板:塑料调高垫板有 6 mm 和 10 mm 两种,钢制调高垫板有 20 mm。(4)轨距挡板:配有 Wfp15a ± 1(Wfp15u ± 1)~ Wfp15a ± 8(Wfp15u ± 8)各 16 种规格。 |
| 错列式 SFC 型扣件 | (1)弹条:一般地段安装 FC1504 型弹条,夹板处安装 FC1502 型弹条,小阻力地段安装 FC1306 型弹条。FC1504 型和 FC1502 型弹条的直径为 15 mm,FC1306 型弹条的直径为 13 mm。(2)耦合垫板分为 2 mm、2.5 mm、3 mm、3.5 mm 和 4 mm 五个规格。其中4 mm厚度为标准设计厚度。(3)调高垫板分为 3 mm、5 mm、10 mm、15 mm、20 mm、25 mm 和 30 mm 厚度的高密度聚乙烯以及1 mm和 2 mm 厚度的镀锌钢板 9 种规格。(4)锚固螺栓扭矩为 150 ~ 200 N · M |
| 直列式 SFC 型扣件 | (1)弹条:一般地段安装 FC1504 型弹条,夹板处安装 FC1502 型弹条,小阻力地段安装 FC1306 型弹条。FC1504 型和 FC1502 型弹条的直径为 15 mm,FC1306 型弹条的直径为13 mm。(2)调高垫板分为 4 mm、5 mm、10 mm、15 mm、20 mm、25 mm 和 30 mm 厚度的高密度聚乙烯(HDPE)调高垫板,以及 1 mm 和 2 mm 镀锌钢板。其中,常用的调高垫板分别为 1 mm、2 mm 钢板,5 mm 高密度聚乙烯调高垫板。(3)锚固螺栓扭矩为 150 ~ 200 N · M |

2. WJ-7 型扣件调高垫板应按表 1-2-24 进行设置。

3. WJ-8 型扣件轨距和轨向调整:按表 1-2-25 更换不同号码绝缘轨距块或轨距挡板,调整钢轨左右位置。高低调整量应按表 1-2-26 调高垫板进行设置。

表 1-2-24　WJ-7 型扣件高低调整调高垫板设置（mm）

| 高低调整量 | 绝缘缓冲垫板厚度 | 轨下微调垫板总厚度 | 铁垫板下调高垫板厚度 |
|---|---|---|---|
| -4 | 2 | 0 | 0 |
| -3 | 2 | 1 | 0 |
| -2 | 2 | 2 | 0 |
| -1 | 2 | 3 | 0 |
| 0 | 6 | 0 | 0 |
| +1 ~ +7 | 6 | 1 ~ 7 | 0 |
| +8 | 6 | 0 | 8 |
| +9 ~ +15 | 6 | 1 ~ 7 | 8 |
| +16 | 6 | 0 | 2 × 8 |
| +17 ~ +26 | 6 | 1 ~ 10 | 2 × 8 |

注：更换绝缘缓冲垫板实现高低负调整；调高量小于 10 mm 时，在轨下垫板下放入调高垫板，调高量超过 10 mm 时，在铁垫板下放入调高垫板，垫入铁垫板下的调高垫板应放在铁垫板与绝缘缓冲垫板之间，总厚度不得超过 20 mm。

表 1-2-25　WJ-8 型扣件钢轨左右位置调整配置

| 单股钢轨左右位置调整量（mm） | 钢轨外侧 | | 钢轨内侧 | |
|---|---|---|---|---|
| | 轨距挡板号码 | 绝缘轨距块号码 | 绝缘轨距块号码 | 轨距挡板号码 |
| -5 | 10 | 11 | 7 | 4 |
| -4 | 10 | 10 | 8 | 4 |
| -3 | 10 | 9 | 9 | 4 |
| -2 | 7 | 11 | 7 | 7 |
| -1 | 7 | 10 | 8 | 7 |
| 0 | 7 | 9 | 9 | 7 |
| +1 | 7 | 8 | 10 | 7 |
| +2 | 7 | 7 | 11 | 7 |
| +3 | 4 | 9 | 9 | 10 |
| +4 | 4 | 8 | 10 | 10 |
| +5 | 4 | 7 | 11 | 10 |

表 1-2-26　WJ-8 型扣件高低调整调高垫板设置(mm)

| 高低调整量 | 轨下垫板厚度 | 轨下微调垫板总厚度 | 铁垫板下调高垫板厚度 |
|---|---|---|---|
| -4 ~ -1 | 2 ~ 5 | 0 | 0 |
| 0 | 6 | 0 | 0 |
| +1 ~ +6 | 6 | 1 ~ 6 | 0 |
| +7 ~ +10 | 3 ~ 6 | 0 | 10 |
| +11 ~ +16 | 6 | 1 ~ 6 | 10 |
| +17 ~ +20 | 3 ~ 6 | 0 | 20 |
| +21 ~ +26 | 6 | 1 ~ 6 | 20 |

注:当调高量小于 10 mm 时,在轨下垫板下放入调高垫板,且放入的总厚度不得大于 10 mm。调整量超过 10 mm 时,可在铁垫板下放入调高垫板,铁垫板下调高垫板应放在铁垫板下弹性垫板下方,总厚度不得超过 20 mm。

4. W300-1 型扣件轨距和轨向调整:按表 1-2-27 更换不同规格轨距挡板,调整钢轨左右位置。高低调整量应按表 1-2-28 调高垫板进行设置。

表 1-2-27　W300-1 型扣件钢轨左右位置调整配置

| 单股钢轨左右位置调整量(mm) | 钢轨外侧轨距挡板 | 钢轨内侧轨距挡板 |
|---|---|---|
| -8 | Wfp15 +8 | Wfp15 -8 |
| -7 | Wfp15 +7 | Wfp15 -7 |
| -6 | Wfp15 +6 | Wfp15 -6 |
| -5 | Wfp15 +5 | Wfp15 -5 |
| -4 | Wfp15 +4 | Wfp15 -4 |
| -3 | Wfp15 +3 | Wfp15 -3 |
| -2 | Wfp15 +2 | Wfp15 -2 |
| -1 | Wfp15 +1 | Wfp15 -1 |
| 0 | Wfp15 | Wfp15 |
| +1 | Wfp15 -1 | Wfp15 +1 |

续上表

| 单股钢轨左右位置调整量(mm) | 钢轨外侧轨距挡板 | 钢轨内侧轨距挡板 |
|---|---|---|
| +2 | Wfp15 -2 | Wfp15 +2 |
| +3 | Wfp15 -3 | Wfp15 +3 |
| +4 | Wfp15 -4 | Wfp15 +4 |
| +5 | Wfp15 -5 | Wfp15 +5 |
| +6 | Wfp15 -6 | Wfp15 +6 |
| +7 | Wfp15 -7 | Wfp15 +7 |
| +8 | Wfp15 -8 | Wfp15 +8 |

**表 1-2-28　W300-1 型扣件高低调整调高垫板设置 G2(mm)**

<table>
<tr><th>高低调整量</th><th>轨垫厚度<br>(Zw 692-x)</th><th>塑料调高垫板<br>厚度(AP20-x)</th><th>钢制调高垫板<br>厚度(AP20S)</th><th>螺旋道钉长度<br>(Ss36)</th></tr>
<tr><td>-4 ~ -1</td><td>1×2 ~5</td><td></td><td></td><td rowspan="6">230</td></tr>
<tr><td>0</td><td>1×6</td><td></td><td></td></tr>
<tr><td>+1 ~ +2</td><td>1×7 ~8</td><td></td><td></td></tr>
<tr><td>+3 ~ +8</td><td>1×3 ~8</td><td>1×6</td><td></td></tr>
<tr><td>+9 ~ +12</td><td>1×5 ~8</td><td>1×10</td><td></td></tr>
<tr><td>+13 ~ +14</td><td>1×7 ~8</td><td>2×6</td><td></td></tr>
<tr><td>+15 ~ +18</td><td>1×5 ~8</td><td>1×10 +1×6</td><td></td><td>240</td></tr>
<tr><td>+19 ~ +22</td><td>1×5 ~8</td><td>2×10</td><td></td><td rowspan="2">250</td></tr>
<tr><td>+23 ~ +26</td><td>1×3 ~6</td><td>1×6</td><td>1×20</td></tr>
</table>

5. SFC 扣件高低调整量为 -2 ~6 mm 时,扣件调高垫板(标准搭配形式和可替代的搭配形式)应按表 1-2-29 进行设置;高低调整量为 6.5 ~ 30 mm 时,扣件调高垫板应按表 1-2-30进行设置。

表 1-2-29　SFC 扣件高低调整时调高垫板设置(mm)

| 调高量 | 标准搭配形式 | | 可替代的搭配形式 | | |
|---|---|---|---|---|---|
| | 耦合垫板 | HDPE 调高垫板 | 耦合垫板 | HDPE 调高垫板 | 镀锌钢板 |
| -2~0 | 2~4 | | | | |
| 0 | 4 | | | | |
| 0.5 | 2+2.5 | | | | |
| 1 | 2 | 3 | 4 | | 1 |
| 1.5 | 2.5 | 3 | 3.5 | | 2 |
| 2 | 3 | 3 | 4 | | 2 |
| 2.5 | 3.5 | 3 | 3.5 | | 1+2 |
| 3 | 4 | 3 | 4 | | 1+2 |
| 3.5 | | | 3.5 | 3 | 1 |
| 4 | | | 4 | 3 | 1 |
| 4.5 | | | 3.5 | 3 | 2 |
| 5 | | | 4 | 3 | 2 |
| 5.5 | | | 3.5 | 2×3 | |
| 6 | | | | 2×3 | |

表 1-2-30　SFC 扣件高低调整时调高垫板设置(mm)

| 调高量 | 垫板搭配方式 | | 钢　板 | 备　注 |
|---|---|---|---|---|
| | LDPE 耦合垫板 | HDPE 调高垫板 | | |
| 6.5~8 | 2.5~4 | 3+5 | | 安装和维护过程中,可根据实际情况进行搭配,并应遵循以下原则:(1)钢板和 HDPE 调高垫板均应安放在 LDPE 耦合垫板之上 |
| 8.5~9.5 | 2.5~3.5 | 10 | | |
| 10 | 4 | 5+5 | | |
| 10.5 | 3.5 | 10 | 1 | |
| 11~13 | 2~4 | 3+10 | | |
| 13.5~15 | 2.5~4 | 10+5 | | |
| 15.5 | 3.5 | 15 | 1 | |
| 16~18 | 2~4 | 3+15 | | |

续上表

| 调高量 | 垫板搭配方式 | | 钢 板 | 备 注 |
|---|---|---|---|---|
| | LDPE 耦合垫板 | HDPE 调高垫板 | | |
| 18.5～20 | 2.5～4 | 20 | | (2)铸铁底板下所有垫板总数量不得超过3块<br>(3)LDPE耦合垫板采用1块（调高0.5 mm时，采用2块） |
| 20.5 | 3.5 | 20 | 1 | |
| 21～23 | 2～4 | 3+20 | | |
| 23.5～24.5 | 2.5～4 | 25 | | |
| 25 | 4 | 25 | | |
| 25.5 | 3.5 | 25 | 1 | |
| 26～28 | 2～4 | 3+25 | | |
| 28.5～30 | 2.5～4 | 30 | | |

注：铸铁底板下插入垫板（含耦合垫板在内）不得超过3块，且耦合垫板总厚度不得大于4.5 mm。当垫板（含调高垫板和耦合垫板）叠加总厚度超过15 mm时，应采用相应长度螺栓。

## 六、道　岔

1. 道岔尖轨、心轨、叉跟尖轨、基本轨、翼轨、导轨、护轨、扣件达到表1-2-31状态或伤损时，应进行修理或更换。

**表1-2-31　道岔设备伤损状态**

| 设 备 | 出现以下不良状态或伤损，应进行修理或更换 |
|---|---|
| 尖轨、心轨、叉跟尖轨 | (1)尖轨尖端与基本轨或可动心轨尖端与翼轨间隙大于1 mm，短心轨与叉跟尖轨尖端间隙大于1.5 mm。(2)尖轨、可动心轨侧弯，造成轨距不符合要求，或尖轨与基本轨、可动心轨与翼轨间隙超过2 mm。(3)尖轨、可动心轨拱腰，造成与滑床台间隙超过2 mm。(4)尖轨相对于基本轨降低值、心轨相对于翼轨降低值偏差超过1 mm，且对行车平稳性有影响。(5)尖轨与心轨因扭转或磨耗等原因造成光带异常，且对行车平稳性有影响。(6)其他伤损达到钢轨轻伤标准 |
| 基本轨、翼轨、导轨、护轨 | (1)弯折点位置或弯折尺寸不符合要求。(2)高锰钢摇篮出现裂纹。(3)其他伤损达到钢轨轻伤标准 |

续上表

| 设　备 | 出现以下不良状态或伤损,应进行修理或更换 |
| --- | --- |
| 扣　件 | (1)岔枕螺栓、T形螺栓折断或严重锈蚀。(2)调高垫板损坏。(3)弹性铁垫板或弹性基板的橡胶与铁件严重开裂。(4)弹条、弹性夹、拉簧、弹片等损坏或不能保持应有的扣压力。弹性夹离缝、弹片与滑床板挡肩离缝、挡板前后离缝大于2 mm。(5)轨距块、挡板、缓冲调距块、偏心锥等严重磨损。(6)套管失去固定螺栓的能力。(7)垫板、滑床板、护轨垫板的焊缝开裂。(8)滑床板损坏、变形或滑床台磨耗大于3 mm。(9)弹性垫板静刚度值超过设计上限的25% |

2. 无缝道岔尖轨尖端伸缩位移、可动心轨尖端伸缩位移应满足表1-2-32要求,超过允许值应分析原因,并及时调整。

**表1-2-32　尖轨相对于基本轨、可动心轨相对于翼轨允许伸缩位移(mm)**

| 道岔类型 | 尖轨允许伸缩位移 | 心轨允许伸缩位移 | 备　注 | |
| --- | --- | --- | --- | --- |
| | | | 锁闭机构 | 尖轨跟端结构 |
| 客专线系列 | ±40 | ±20 | 多机多点钩型外锁 | 限位器、间隔铁或无传力部件 |
| CZ系列 | +45 | ±30 | 第一牵引点拐肘外锁 | 无传力部件 |
| CN系列 | ±40 | ±20 | 多机多点自调式外锁 | 限位器 |

3. 调节器及其前后线路扣件类型和螺栓扭矩应符合表1-2-33要求。

**表1-2-33　调节器及其前后线路扣件类型和螺栓扭矩**

| 扣　件　类　型 | 扭矩(N·m) |
| --- | --- |
| 调节器扣件铁垫板锚固螺栓 | 300~350 |
| 尖轨螺栓 | 400~500 |
| 基本轨轨撑螺栓 | 300~350 |

4. 18 号无砟道岔(CZ2617)主要参数：

(1)18 号道岔线型及主要尺寸见图 1-2-1。

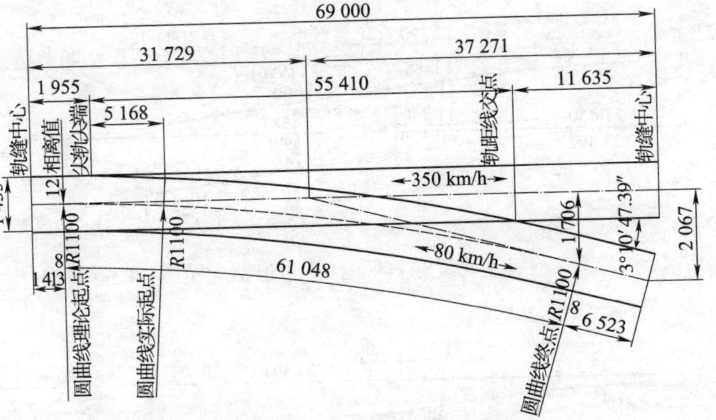


图 1-2-1　18 号道岔线型及主要尺寸(单位:mm)

(2)道岔支距见表 1-2-34。

**表 1-2-34　18 号道岔导曲线及辙叉支距(mm)**

| 距直基本轨跟端距离 $x_i$ | 导曲线支距 $y_i$ | 距直基本轨跟端距离 $x_i$ | 导曲线支距 $y_i$ |
|---|---|---|---|
| 0 | 231.6 | 16 000 | 667.8 |
| 2 000 | 273.5 | 18 000 | 738.7 |
| 4 000 | 381.9 | 20 000 | 813.2 |
| 6 000 | 367.9 | 22 000 | 891.4 |
| 8 000 | 420.6 | 24 000 | 973.2 |
| 10 000 | 477.0 | 26 000 | 1 058.7 |
| 12 000 | 536.9 | 28 000 | 1 147.8 |
| 14 000 | 600.6 | 30 000 | 1 240.5 |

(3)配轨。

为便于现场组装和铺设，道岔配轨时按轨缝为 8 mm 计算钢轨件长度，18 号配轨长度如图 1-2-2、图 1-2-3 所示。

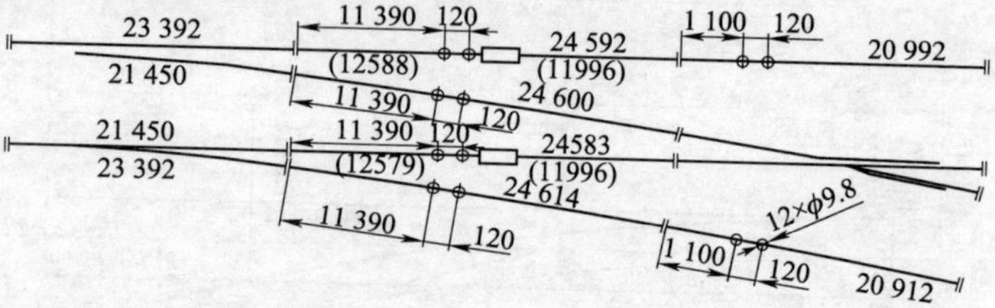


图 1-2-2　绝缘接头设在直股时 18 号道岔配轨图(单位:mm)

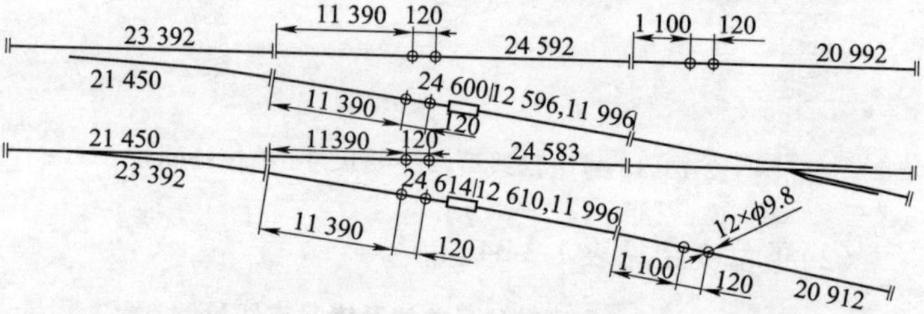


图 1-2-3　绝缘接头设在曲股时 18 号道岔配轨图(单位:mm)

(4)尖轨、心轨降低值。

①时速 350 km 18 号道岔尖轨降低值见表 1-2-35。

**表 1-2-35　时速 350 km 18 号道岔尖轨降低值**(mm)

| 尖轨类型 | 检测位置 | 降低值 | 轨头宽度 | 尖轨类型 | 检测位置 | 降低值 | 轨头宽度 |
|---|---|---|---|---|---|---|---|
| 直线尖轨 | 尖轨尖端 | 23 | 0 | 曲线尖轨 | 尖轨尖端 | 23 | 0 |
| | 距尖端 575 mm | 14 | 3 | | 距尖端 964 mm | 14 | 5 |
| | 距尖端 2 889 mm | 3 | 15 | | 距尖端 3 855 mm | 3 | 20 |
| | 距尖端 7 304 mm | 0 | 40 | | 距尖端 8 604 mm | 0 | 50 |

②时速 350 km 18 号道岔心轨降低值见表 1-2-36。

**表 1-2-36　时速 350 km 18 号道心轨降低值**

| 检　测　位　置 | 降低值(mm) | 轨头宽度(mm) |
|---|---|---|
| 心轨尖端 | 16 | 0 |
| 距心端 389 mm | 4 | 22. 5 |
| 距心端 1 225 mm | 0 | 50 |

③尖轨尖端至心轨实际尖端的距离见表 1-2-37。

**表 1-2-37　尖轨尖端至心轨实际尖端的距离**

| 道岔型号 | 尖轨尖端至心轨实际尖端的距离(mm) |
|---|---|
| 时速 350 km18 号道岔 | 53 200 |

(5)每组道岔岔枕数量见表 1-2-38。

**表 1-2-38　无砟道岔岔枕数量表**

| 序号 | 岔枕长(m) | 单位 | 数量 | 备注 | 序号 | 岔枕长(m) | 单位 | 数量 | 备注 |
|---|---|---|---|---|---|---|---|---|---|
| 1 | 2. 34 | 根 | 22 | | 13 | 3. 5 | 根 | 6 | |
| 2 | 2. 5 | 根 | 15 | | 14 | 3. 65 | 根 | 6 | |
| 3 | 2. 6 | 根 | 11 | | 15 | 3. 8 | 根 | 3 | |
| 4 | 2. 7 | 根 | 9 | | 16 | 3. 95 | 根 | 4 | |
| 5 | 2. 8 | 根 | 7 | | 17 | 4. 1 | 根 | 4 | |
| 6 | 2. 88 | 根 | 2 | | 18 | 4. 2 | 根 | 2 | |
| 7 | 2. 9 | 根 | 7 | | 19 | 4. 25 | 根 | 7 | |
| 8 | 2. 91 | 根 | 2 | | 20 | 4. 38 | 根 | 2 | |
| 9 | 2. 95 | 根 | 2 | | 21 | 4. 4 | 根 | 4 | |
| 10 | 3. 05 | 根 | 8 | | 22 | 4. 55 | 根 | 5 | |
| 11 | 3. 2 | 根 | 7 | | 23 | 4. 63 | 根 | 3 | |
| 12 | 3. 35 | 根 | 6 | | | | | | |
| 岔枕总长度 | | 453. 8. | | | 套管总数量 | | 785 个 | | |

(6)辙叉部位转换设备主要技术参数见表1-2-39。

**表1-2-39　时速350 km18号道岔转换设备主要参数表**

| | | |
|---|---|---|
| 350－18 | 尖轨牵引点数 | 3 |
| | 尖轨密检器数 | 2 |
| | 心轨牵引点数 | 2 |
| 位置 | 尖轨开口(mm) | 转辙机动程(mm) |
| 尖轨一动 | 160 | 220 |
| 尖轨二动 | 118 | 220(170)* |
| 尖轨三动 | 71 | 150(150)* |
| 心轨一动 | 119 | 220 |
| 心轨二动 | 59 | 150(150)* |

*注:如果使用电液转辙机主辅机方式,则尖轨二动、尖轨三动、心轨二动采用转换锁闭器,动程为170 mm、150 mm、150 mm。

(7)各部螺栓扭矩见表1-2-40。

**表1-2-40　道岔各部螺栓扭矩表**

| 序号 | 螺栓类型 | 扭矩要求 |
|---|---|---|
| 1 | 弹条螺栓 | 螺母使弹条前部与轨距块宏观接触,缝隙≤1 mm,扭矩为120～150 N·m |
| 2 | 岔枕螺栓联结 | 300～350 N·m |
| 3 | 限位器螺栓联结 | 1 100 N·m |
| 4 | 尖轨跟端间隔铁螺栓 | 1 100 N·m |
| 5 | 翼轨间间隔铁螺栓联结 | 1 100 N·m |
| 6 | 长短心轨联结螺栓 | 600 N·m |
| 7 | 其他4.8、5.6级螺栓联结(如顶铁螺栓、护轨螺栓、轨撑水平螺栓) | 以弹性垫圈平齐控制,不宜采用过大扭矩,但不小于150 N·m |

(8)弹条Ⅱ型分开式扣件轨距、支距调整。

①表 1-2-41 为一般地段轨距调整的具体配置。

表 1-2-41　轨距配置表

| 单股钢轨位置 | 钢轨内侧 | | | 钢轨外侧 | | |
|---|---|---|---|---|---|---|
| | 缓冲调距块 | | 轨距块 | 轨距块 | 缓冲调距块 | |
| | 外侧 | 内侧 | | | 内侧 | 外侧 |
| 0 | 6 | 9 | 10 | 11 | 6 | 9 |
| 1 | 6 | 9 | 11 | 10 | 6 | 9 |
| 2 | 6 | 9 | 12 | 9 | 6 | 9 |
| -1 | 6 | 9 | 9 | 12 | 6 | 9 |
| -2 | 9 | 6 | 11 | 10 | 9 | 6 |
| -3 | 9 | 6 | 10 | 11 | 9 | 6 |
| -4 | 9 | 6 | 9 | 12 | 9 | 6 |

②表 1-2-42 为滑床板和护轨垫板处轨距调整具体配置。

表 1-2-42　滑床板和护轨垫板处轨距配置表

| 单股钢轨位置 | 钢轨内侧 | | 钢轨外侧 | |
|---|---|---|---|---|
| | 缓冲调距块 | | 缓冲调距块 | |
| | 外侧 | 内侧 | 内侧 | 外侧 |
| 0 | 6 | 9 | 6 | 9 |
| 1 | 5 | 10 | 5 | 10 |
| 2 | 4 | 11 | 4 | 11 |
| -1 | 7 | 8 | 7 | 8 |
| -2 | 8 | 7 | 8 | 7 |
| -3 | 9 | 6 | 9 | 6 |
| -4 | 10 | 5 | 10 | 5 |

## 七、无缝线路

1. 无缝线路相邻单元轨节之间锁定轨温之差不应大于5 ℃,同一区间内单元轨节最高与最低锁定轨温之差不应大于10 ℃;左右股钢轨锁定轨温之差不应大于3 ℃。

2. 钢轨焊接接头平直度应符合表1-2-43要求。

表1-2-43　钢轨焊接接头平直度标准

| 部　位 | 平直度要求 | | 说　明 |
|---|---|---|---|
| | 200 km/h | 200(不含)~350 km/h | |
| 轨顶面(mm/1m) | +0.3<br>0 | +0.2<br>0 | "+"表示凸出 |
| 轨头内侧工作面(mm/1 m) | +0.3<br>-0.3 | +0.3<br>0 | "+"表示凹进 |
| 轨底面(mm) | +0.5<br>0 | +0.5<br>0 | "+"表示焊筋凸出 |

注:平直度以焊缝为中心进行测量。

3. 钢轨接头位置应符合表1-2-44要求。

表1-2-44　钢轨接头位置

| 接头名称 | 位　置　要　求 |
|---|---|
| 焊接接头 | (1)左右股单元轨节锁定焊接头相错量不宜超过100 mm。(2)由道岔前端和辙叉跟端接头焊缝确定的道岔全长偏差不得超过±20 mm。(3)铝热焊焊缝距承轨台边缘不得小于100 mm。(4)单元轨节起止点不应设置在不同轨道结构过渡段或不同线下基础过渡段范围 |
| 联合接头 | 不得设置在桥墩上和钢桁梁伸缩纵梁上,并要求距桥台边墙或桥墩不小于2 m |
| 绝缘接头 | (1)左右两股钢轨绝缘接头应相对铺设,且绝缘接头轨缝绝缘端板距钢轨支承位置不宜小于100 mm。(2)胶接绝缘接头宜采用现场胶接,胶接绝缘接头与焊接接头间距不应小于20 m,道岔间困难条件下不应小于12 m |

4. 无缝线路作业轨温条件见表 1-2-45。

**表 1-2-45　无缝线路作业轨温条件**

| 作业项目 | 线路平面条件 | 最多连续松开扣件个数(按实际锁定轨温计算) | | | | |
|---|---|---|---|---|---|---|
| | | −10℃及以下 | −10 ℃ ~ 0 ℃ | 0 ℃ ~ +10 ℃ | +10 ℃ ~ +20 ℃ | +20 ℃以上 |
| 改道、垫板作业 | $R<2\,000$ | 9 | 40 | 15 | 9 | 禁止 |
| | $R\geqslant 2\,000$ 或直线 | 15 | 40 | 20 | 9 | 禁止 |
| 更换扣件或涂油 | — | 隔一松一、流水作业 | | | | 禁止 |

注:无缝道岔尖轨及其前方 25 m 范围的作业轨温应在实际锁定轨温 ±10 ℃范围。

5. 无缝线路设计锁定轨温按下式计算确定:

$$T_s=\frac{T_{max}+T_{min}}{2}\pm\Delta T_k$$

式中　$T_s$——设计锁定轨温;

$\Delta T_k$——设计锁定轨温修正值,一般取 0 ℃ ~5 ℃;

$T_{max}$——最高轨温,取历年最高气温加 20 ℃;

$T_{min}$——最低轨温,取历年最低气温。

## 第三节　线路静态检查

1. 扣件系统静态检查内容和周期见表 1-3-1。

**表 1-3-1　扣件系统静态检查内容和周期**

| 序号 | 检查内容 | 检查周期 |
|---|---|---|
| 1 | 扣件安装状态、部件缺损、预埋套管等 | 每半年检查 1 遍 |
| 2 | 弹条紧固状态(WJ-7、WJ-8、W300-1 型扣件) | 每半年检查 1 遍,每公里连续抽查 50 个 |
| 3 | 弹条扣压状态(SFC 型扣件) | 每半年检查 1 遍,每公里连续抽查 50 个 |
| 4 | 钢轨与绝缘块(绝缘轨距块)、轨距挡板间隙 | 每半年检查 1 遍,每公里连续抽查 50 个 |

续上表

| 序号 | 检查内容 | 检查周期 |
|---|---|---|
| 5 | 锚固螺栓扭矩（WJ-7、SFC 型扣件） | 每半年检查 1 遍 |
| 6 | 弹性垫板刚度 | 每年抽检 1 次，抽检数量 3 块/50 km |

2. 道岔静态检查内容和周期见表 1-3-2。

**表 1-3-2　道岔静态检查内容和周期**

| 序号 | 检查内容 | 检查方式 | 检查周期 |
|---|---|---|---|
| 1 | 轨距、水平、支距、高低、轨向 | 全面检测 | 每月检查 1 遍 |
| 2 | 斥离尖轨非工作边与基本轨工作边最小间距 | 全面查看，重点检测 | |
| 3 | 查照间隔 | | |
| 4 | 护轨轮缘槽宽度 | | |
| 5 | 尖轨与基本轨、心轨与翼轨、短心轨和叉跟尖轨间隙、尖轨与滑床台、心轨与滑床台间隙，尖轨与顶铁、心轨与顶铁间隙 | | |
| 6 | 辊轮状态 | | |
| 7 | 滑床台与基板脱焊及台面磨耗情况 | | |
| 8 | 扣件状态 | | |
| 9 | 弹性夹、拉簧状态 | | |
| 10 | 弹性铁垫板、弹性基板等各种垫板状态 | | |
| 11 | 限位器、间隔铁、顶铁、轨撑、接头铁、连杆等联结螺栓松动、变形或损坏情况 | | |
| 12 | 尖轨防跳限位装置与斥离尖轨（标准开口）间隙，尖轨防跳顶铁与密贴尖轨间隙，心轨防跳顶铁、卡铁、间隔铁与心轨间隙 | | |
| 13 | 尖轨相对于基本轨、心轨相对于翼轨的伸缩位移；两尖轨相对伸缩位移 | | |
| 14 | 轮轨接触面（光带）检查，重点检查尖轨与基本轨共同受力部位接触面（位置、塑性变形、磨耗等） | | |
| 15 | 其他零件损坏、变形或缺失情况 | | |
| 16 | 尖轨各控制断面相对于基本轨高差 | 全面检测 | 每季度检查 1 遍 |
| 17 | 心轨各控制断面相对于翼轨高差 | | |

3. 调节器静态检查内容和周期见表1-3-3。

表1-3-3　调节器静态检查内容和周期

| 序号 | 检查内容 | 检查方式 | 检查周期 |
| --- | --- | --- | --- |
| 1 | 轨距、水平、高低、轨向 | 全面检测 | 每月检查1遍 |
| 2 | 尖轨与基本轨、扣件、轨撑间隙 | 全面查看，重点检测 | |
| 3 | 扣件、垫板、轨撑状态 | | |
| 4 | 其他零件损坏、变形或缺失情况 | | |
| 5 | 尖轨控制断面相对于基本轨高差 | 全面检测 | 每季度检查1遍 |

4. 钢轨及焊缝检查内容和周期见表1-3-4。

表1-3-4　钢轨及焊缝检查内容和周期

| 序号 | 检查内容 | 检查方式 | 检查周期 | |
| --- | --- | --- | --- | --- |
| | | | 单位 | 遍数 |
| 1 | 正线钢轨 | 探伤车 | 每年 | 7遍 |
| | | 钢轨探伤仪 | 每年 | 1遍 |
| 2 | 到发线钢轨 | 钢轨探伤仪 | 每年 | 4遍 |
| 3 | 其他站线钢轨 | | 每年 | 1遍 |
| 4 | 正线道岔 | | 每月 | 1遍 |
| 5 | 调节器的钢轨 | | 每月 | 1遍 |
| 6 | 到发线道岔 | | 每年 | 4遍 |
| 7 | 其他站线道岔 | | 每年 | 1遍 |
| 8 | 厂焊焊缝 | 焊缝探伤仪 | 5年 | 1遍 |
| 9 | 现场闪光焊焊缝 | | 每年 | 1遍 |
| 10 | 铝热焊焊缝 | | 半年 | 1遍 |

5. 线路上伤损钢轨应按表1-3-5所示作好标记。

表 1-3-5　伤损钢轨标记

| 伤损种类 | 伤损范围及标记 | | 说　明 |
|---|---|---|---|
| | 连续伤损 | 一点伤损 | |
| 轻　伤 | \|←△→\| | ↑△ | 用白铅油作标记 |
| 轻伤有发展 | \|←△△→\| | ↑△△ | 用白铅油作标记 |
| 重　伤 | \|←△△△→\| | ↑△△△ | 用白铅油作标记 |

# 第四节　线路质量评定

## 一、线路设备状态评定

线路设备状态评定应以千米为单位，满分为 100 分，100 ~ 85 分为优良，85（不含）~ 60 分为合格，60 分（不含）以下为失格。评定标准见表 1-4-1。

表 1-4-1　线路设备状态评定评分标准

| 编号 | 项　目 | 扣分条件 | 计算单位 | 扣分（分） | 说　明 |
|---|---|---|---|---|---|
| 1 | 慢　行 | 线路设备不良（不含线下基础） | 处 | 41 | |
| 2 | 钢　轨 | 一年内新生轻伤钢轨（不含曲线磨耗） | 根 | 2 | 长轨中 2 个焊缝间为 1 根 |
| | | 现存曲线磨耗轻伤钢轨 | 每延长 100 m | 4 | 按单股计算 |
| | | 一年内新生重伤钢轨（不含焊缝） | 根 | 20 | 长轨中 2 个焊缝间为 1 根 |
| | | 无缝线路现存重伤钢轨（不含焊缝） | 根 | 20 | |
| | | 无缝线路现存重伤焊缝 | 个 | 20 | |
| 3 | CRTS Ⅰ 型板式轨道 | 轨道板Ⅲ级伤损 | 处 | 8 | 全面查看，每千米重点检查 100 m |
| | | 水泥乳化沥青砂浆充填层Ⅲ级伤损 | 处 | 8 | |
| | | 凸形挡台Ⅲ级伤损 | 处 | 8 | |

续上表

| 编号 | 项　目 | 扣分条件 | 计算单位 | 扣分（分） | 说　明 |
| --- | --- | --- | --- | --- | --- |
| 3 | CRTS Ⅰ型板式轨道 | 钢棒折断 | 根 | 8 | |
| | | 预埋套管失效 | 个 | 8 | |
| 4 | CRTS Ⅱ型板式轨道 | 轨道板Ⅲ级伤损 | 处 | 8 | 全面查看，每千米重点检查100 m |
| | | 水泥乳化沥青砂浆充填层Ⅲ级伤损 | 处 | 8 | |
| | | 底座板Ⅲ级伤损 | 处 | 8 | |
| | | 支承层Ⅲ级伤损 | 处 | 8 | |
| | | 侧向挡块Ⅲ级伤损 | 处 | 8 | |
| | | 高强度挤塑板Ⅲ级伤损 | 处 | 8 | |
| | | 预埋套管失效 | 个 | 8 | |
| 5 | 双块式无砟轨道 | 双块式轨枕Ⅲ级伤损 | 根 | 8 | 全面查看，每千米重点检查100 m |
| | | 道床板Ⅲ级伤损 | 处 | 8 | |
| | | 底座Ⅲ级伤损 | 处 | 8 | |
| | | 支承层Ⅲ级伤损 | 处 | 8 | |
| | | 预埋套管失效 | 个 | 8 | |
| 6 | 岔区轨枕埋入式无砟轨道 | 岔枕Ⅲ级伤损 | 根 | 8 | |
| | | 预埋套管失效 | 个 | 8 | |
| | | 道床板Ⅲ级伤损 | 每组 | 8 | |
| | | 底座或支承层Ⅲ级伤损 | 每组 | 8 | |
| 7 | 岔区板式无砟轨道 | 道岔板Ⅲ级伤损 | 块 | 8 | |
| | | 预埋套管失效 | 个 | 8 | |
| | | 底座Ⅲ级伤损 | 每组 | 8 | |
| | | 找平层Ⅲ级伤损 | 每组 | 8 | |

注：岔区无砟轨道线路质量评定含在相应公里的线路中。

## 二、线路设备保养质量评定

线路保养质量评定应以千米为单位（评定标准见表 1-4-2），满分为 100 分，100 ~ 85 分为优良，85（不含）~60 分为合格，60 分（不含）以下为失格。

**表 1-4-2　线路保养质量评定标准**

| 项　目 | 编号 | 扣分条件 | 抽查数量 | 单位 | 扣分(分) | 说　明 |
|---|---|---|---|---|---|---|
| 轨道几何尺寸 | 1 | 超过经常保养容许偏差管理值 | 轨距、水平、扭曲连续检测 100 m；轨向、高低全面检查，重点检测；曲线正矢全面检测 | 处 | 4 | 选择质量较差地段，有曲线时检测一个曲线的正矢 |
| | 2 | 超过临时补修容许偏差管理值 | | 处 | 41 | |
| | 3 | 轨距变化率大于 1/1 000 | | 处 | 2 | |
| 钢　轨 | 4 | 钢轨肥边大于 1 mm | 全面查看，重点检测 | 处 | 4 | |
| | 5 | 胶接绝缘接头质量不符合要求或轨端肥边大于 2 mm | 全面检测 | 处 | 4 | |
| | 6 | 钢轨折断未及时永久处理 | 全面查看 | 处 | 41 | “未及时”指轨温具备焊接条件未进行永久处理 |
| 轨道板、双块式轨枕、道床板 | 7 | 裂缝伤损达到Ⅱ级标准/伤损达到Ⅲ级标准 | 全面查看 | 块 | 1/4 | |
| | 8 | 挡肩或承轨台处缺损、掉块/其他处缺损、掉块 | 全面查看 | 块 | 16/4 | |
| | 9 | 预埋套管失效/连续失效 | 全面查看 | 处 | 4/16 | |

续上表

| 项　目 | 编号 | 扣分条件 | 抽查数量 | 单位 | 扣分(分) | 说　明 |
|---|---|---|---|---|---|---|
| 水泥乳化沥青砂浆充填层 | 10 | 裂缝伤损达到Ⅱ级标准/伤损达到Ⅲ级标准 | 全面查看 | 处 | 1/4 | |
| | 11 | 掉块、缺损或剥落 | 全面查看 | 处 | 4 | |
| | 12 | 离缝伤损达到Ⅱ级标准/伤损达到Ⅲ级标准 | 全面查看 | 处 | 4/8 | |
| 底座(板)、支承层、凸形挡台及侧向挡块 | 13 | 裂缝伤损达到Ⅱ级标准/伤损达到Ⅲ级标准 | 全面查看 | 处 | 1/4 | |
| | 14 | 掉块、缺损或剥落 | 全面查看 | 处 | 2 | |
| | 15 | 侧向挡块与底座板粘连 | 全面查看 | 处 | 8 | |
| 高强度挤塑板 | 16 | 高强度挤塑板损坏 | 全面查看 | 块 | 2 | |
| | 17 | 离缝伤损达到Ⅱ级标准/伤损达到Ⅲ级标准 | 全面查看 | 块 | 4/8 | |
| 联结零件 | 18 | ZW轨垫、钢制调节板、塑料调整垫、轨距挡板、扣件失效/连续失效/其他联结零件失效 | 连续查看100个 | 个 | 16/41/4 | |
| | 19 | ZW轨垫、钢制调节板、塑料调整垫、轨距挡板、扣件缺少/其他联结零件缺少 | 全面查看 | 个 | 41/16 | 一组扣件的零件不全,按缺少一个扣件计算 |
| | 20 | 未按规定使用调高垫板和轨距挡板 | 连续查看100个 | 块 | 4 | |

续上表

| 项　目 | 编号 | 扣分条件 | 抽查数量 | 单位 | 扣分(分) | 说　明 |
|---|---|---|---|---|---|---|
| 联结零件 | 21 | 扣件前、后离缝大于 2 mm 的超过 8% | 连续检测 100 个 | 每增 1% | 1 | |
| | 22 | 扣件螺栓扭矩(扣压力)不符合规定或弹条扣件中部前端离缝不符合规定,超过 8% | 同上 | 每增 1% | 1 | |
| 纵向位移 | 23 | 爬行量超过 10 mm | 全面检测 | km | 16 | 爬行量超过 20 mm 扣 41 分 |
| | 24 | 观测桩缺损、失效或位移观测无记录 | 全面检测 | 处 | 8 | |
| 排水设施 | 25 | 未疏通 | 全面查看 | 每 10m | 1 | 单侧计算 |
| 标志标识 | 26 | 缺损、歪斜、字迹不清 | 全面查看 | 个 | 1 | |
| | 27 | 各种标识不齐全,位置不对,不清晰或错误 | 全面查看 | 处 | 1 | |

## 三、道岔质量评定

道岔质量评定应以组为单位(评定标准见表 1-4-3),满分为 100 分,100 ~ 85 分为优良,85(不含)~60 分为合格,60 分(不含)以下为失格。

**表 1-4-3　道岔保养质量评定标准**

| 项目 | 编号 | 扣分条件 | | 抽查数量 | 单位 | 扣分(分) | 说明 |
|---|---|---|---|---|---|---|---|
| 轨道几何尺寸 | 1 | 轨距、水平、轨向、高低、支距、扭曲、轨距变化率超过经常保养容许偏差管理值 | | 轨距、水平、支距全面检测，轨向、高低、扭曲全面查看，重点检测 | 处 | 4 | |
| | 2 | 轨距、水平、轨向、高低、支距、扭曲超过临时补修容许偏差管理值 | | | 处 | 41 | |
| | 3 | 查照间隔小于 1 391 mm | | 全面检测 | 组 | 41 | |
| | 4 | 转辙器最小轮缘槽小于 63 mm | | 全面检测 | 组 | 41 | |
| 密贴 | 5 | 尖轨尖端与基本轨、可动心轨尖端与翼轨密贴 | 0.5 mm < 间隙 ≤ 1 mm | 全面检测 | 处 | 2 | |
| | 6 | | 间隙 > 1 mm | | 处 | 41 | |
| | 7 | 尖轨与基本轨、可动心轨与翼轨其他密贴段密贴 | 1.0 mm < 间隙 ≤ 1.5 mm | 全面检测 | 头 | 2 | |
| | 8 | | 1.5 mm < 间隙 ≤ 2.0 mm | 全面检测 | 头 | 8 | |
| | 9 | | 间隙 > 2.0 mm | 全面检测 | 头 | 16 | |
| | 10 | 短心轨与叉跟尖轨尖端密贴 | 1.0 mm < 间隙 ≤ 1.5 mm | 全面检测 | 处 | 16 | |
| | 11 | | 间隙 > 1.5 mm | 全面检测 | 处 | 41 | |
| | 12 | 尖轨、可动心轨与顶铁密贴 | 1.5 mm < 间隙 ≤ 2.0 mm | 全面检测 | 处 | 2 | |
| | 13 | | 2.0 mm < 间隙 ≤ 2.5 mm | 全面检测 | 处 | 4 | |
| | 14 | | 间隙 > 2.5 mm | 全面检测 | 处 | 16 | |

续上表

| 项目 | 编号 | 扣分条件 | | 抽查数量 | 单位 | 扣分(分) | 说明 |
|---|---|---|---|---|---|---|---|
| 密贴 | 15 | 尖轨、可动心轨与滑床台密贴 | 1.5 mm < 间隙≤2.0 mm | 全面检测 | 处 | 2 | |
| | 16 | | 2.0 mm < 间隙≤2.5 mm | 全面检测 | 处 | 4 | |
| | 17 | | 间隙 > 2.5 mm | 全面检测 | 处 | 16 | |
| 钢轨 | 18 | 轨件 | 存在表 1-2-31 中 1(4)病害 | 全面检测、查看 | 处 | 41 | |
| | 19 | | 存在表1-2-31 中1(5)、(6)和表1-2-31 中2(1)、(3)病害之一 | 全面检测、查看 | 处 | 16 | |
| | 20 | 钢轨折断未及时永久处理 | | 全面查看 | 处 | 41 | “未及时”指轨温具备焊接条件未进行永久处理 |
| | 21 | 焊缝不符合表 1-2-43 条要求 | | 全面检测 | 处 | 8 | |
| | 22 | 钢轨肥边大于 1 mm；绝缘接头轨端肥边大于 2 mm | | 全面检测 | 处 | 8 | |
| | 23 | 胶接绝缘接头的质量不符合《铁路钢轨胶接绝缘接头技术条件》(TB/T 2975) | | 全面检测 | 处 | 8 | |
| 纵向位移 | 24 | 位移超过 10 mm | | 全面检测 | 组 | 16 | |
| | 25 | 道岔两尖轨尖端相错量大于 20 mm | | 全面检测 | 组 | 41 | |
| | 26 | 尖轨、可动心轨允许伸缩位移不符合表 1-2-32 要求 | | 全面检测 | 组 | 41 | |
| | 27 | 位移观测桩缺少或位移观测无记录 | | 全面检测 | 个 | 8 | |

续上表

| 项目 | 编号 | 扣分条件 | | 抽查数量 | 单位 | 扣分(分) | 说明 |
|---|---|---|---|---|---|---|---|
| 联结零件 | 28 | 轨撑离缝大于 2 mm 或损坏、松动 | | 全面查看、检测 | 个 | 1 | |
| | 29 | 螺栓 | 长、短心轨联结螺栓缺少/松动或扭矩不符合规定 | 全面查看、检测 | 个 | 41/16 | |
| | 30 | | 限位器、顶铁、间隔铁及护轨螺栓缺少/松动或扭矩不符合规定 | 全面查看、检测 | 个 | 41/4 | |
| | 31 | | 接头铁螺栓缺少、松动 | 全面查看、检测 | 个 | 41 | |
| | 32 | | 其他各种螺栓缺少/扭矩不符合规定 | 全面查看，重点检测 | 个 | 8/2 | |
| | 33 | 辊轮 | 辊轮缺少或失效 | 全面查看 | 处 | 16 | |
| | 34 | | 辊轮位置不符合要求 | 全面查看、检测 | 处 | 4 | |
| | 35 | 扣件 | 铁垫板缺少或折断 | 全面查看 | 块 | 41 | |
| | 36 | | 橡胶垫板缺少/窜出或失效 | 全面查看 | 块 | 8/4 | |
| | 37 | | 扣件失效、缺少/连续失效、缺少 | 全面查看 | 处 | 4/41 | |
| | 38 | | 预埋套管失效 | 全面查看 | 个 | 2 | |
| | 39 | | 弹条中肢前端间隙，岔枕螺栓扭矩不符合规定 | 连续检测 50 个 | 个 | 1 | |
| | 40 | 防跳限位装置 | 影响尖轨或心轨转换 | 全面查看 | 处 | 41 | |

续上表

| 项目 | 编号 | 扣分条件 | | 抽查数量 | 单位 | 扣分(分) | 说明 |
|---|---|---|---|---|---|---|---|
| 无砟道床 | 41 | 岔枕、道床板、支承层(或底座)、道岔板 | 裂纹伤损达到Ⅱ级标准/达到Ⅲ级标准 | 全面查看，重点检测 | 处 | 1/4 | |
| | 42 | | 缺损、掉块 | 全面查看 | 处 | 4 | |
| | 43 | | 预埋套管失效/连续失效 | 全面查看 | 个 | 4/16 | |
| | 44 | 底座、找平层 | 裂纹伤损达到Ⅱ级标准/达到Ⅲ级标准 | 全面查看，重点检测 | 处 | 1/4 | 路基地段板式轨道 |
| | 45 | | 掉块、缺损 | 全面查看 | 处 | 2 | |
| | 46 | | 离缝达到Ⅱ级标准/掉块达到Ⅲ级标准 | 全面查看，重点检测 | 处 | 4/8 | |
| | 47 | 水泥乳化沥青砂浆层 | 裂缝伤损达到Ⅱ级标准/伤损达到Ⅲ级标准 | 全面查看，重点检测 | 处 | 1/4 | 桥梁地段板式轨道 |
| | 48 | | 掉块、缺损或剥落 | 全面查看 | 处 | 4 | |
| | 49 | | 离缝伤损达到Ⅱ级标准/伤损达到Ⅲ级标准 | 全面查看，重点检测 | 处 | 4/8 | |
| | 50 | 底座板、侧向挡块 | 裂缝伤损达到Ⅱ级标准/伤损达到Ⅲ级标准 | 全面查看，重点检测 | 处 | 1/4 | |
| | 51 | | 掉块、缺损或剥落 | 全面查看 | 处 | 2 | |
| | 52 | | 侧向挡块与底座板粘连 | 全面查看，重点检测 | 处 | 8 | |

续上表

| 项目 | 编号 | 扣分条件 | | 抽查数量 | 单位 | 扣分(分) | 说明 |
|---|---|---|---|---|---|---|---|
| 无砟道床 | 53 | 高强度挤塑板 | 高强度挤塑板损坏 | 全面查看 | 块 | 2 | 桥梁地段板式轨道 |
| | 54 | | 离缝伤损达到Ⅱ级标准/伤损达到Ⅲ级标准 | 全面查看，重点检测 | 块 | 4/8 | |
| 标志标识 | 55 | 警冲标 | 损坏或不清晰 | 全面查看 | 组 | 8 | 缺少或位置不对，扣41分 |
| | 56 | 标识 | 缺少、错位、位置不对，字迹不清 | 全面查看 | 处 | 1 | |

## 四、调节器质量评定

调节器质量评定应以组为单位（评定标准见表1-4-4），满分为100分，100～85分为优良，85（不含）～60分为合格，60分（不含）以下为失格。

**表1-4-4　调节器保养质量评定标准**

| 项目 | 编号 | 扣分条件 | 抽查数量 | 单位 | 扣分(分) |
|---|---|---|---|---|---|
| 轨道几何尺寸 | 1 | 轨距、水平、轨向、高低、扭曲、轨距变化率超过经常保养容许偏差管理值 | 轨距、水平全面检测，轨向、高低、扭曲全面查看，重点检测 | 组 | 4 |
| | 2 | 轨距、水平、轨向、高低、扭曲、轨距变化率超过临时补修容许偏差管理值 | | 组 | 41 |

续上表

| 项目 | 编号 | 扣分条件 | | 抽查数量 | 单位 | 扣分(分) |
|---|---|---|---|---|---|---|
| 伸缩 | 3 | 基本轨伸缩量超过调节器设计伸缩量 | | 重点检测 | 处 | 41 |
| | 4 | 焊缝边缘至扣件或轨撑铁垫板距离 | 5 mm < 间距 ≤ 20 mm | 重点检测 | 处 | 4 |
| | 5 | | 间距 ≤ 5 mm | 重点检测 | 处 | 41 |
| | 6 | 尖轨伸缩量 | 0 mm < 伸缩量 ≤ 10 mm | 全面检测 | 处 | 4 |
| | 7 | | 10 mm < 伸缩量 ≤ 30 mm | 全面检测 | 处 | 16 |
| | 8 | | 伸缩量 > 30 mm | 全面检测 | 处 | 41 |
| | 9 | 位移观测桩缺少或位移观测无记录 | | 全面检测 | 个 | 4 |
| 密贴 | 10 | 尖轨尖端至 5 mm 断面与基本轨密贴段密贴 | 0.5 mm < 间隙 ≤ 1.0 mm | 全面检测 | 处 | 4 |
| | 11 | | 间隙 > 1.0 mm | 全面检测 | 处 | 41 |
| | 12 | 尖轨其余密贴段与基本轨密贴 | 0.5 mm < 间隙 ≤ 1.0 mm | 全面检测 | 处 | 4 |
| | 13 | | 间隙 > 1.0 mm | 全面检测 | 处 | 16 |
| | 14 | 尖轨轨撑与轨腰密贴 | 0.2 mm < 间隙 ≤ 0.5 mm | 全面检测 | 个 | 4 |
| | 15 | | 间隙 > 0.5 mm | 全面检测 | 个 | 8 |
| | 16 | 尖轨轨撑与轨底上表面密贴 | 0.5 mm < 间隙 ≤ 1.0 mm | 全面检测 | 个 | 4 |
| | 17 | | 间隙 > 1.0 mm | 全面检测 | 个 | 16 |

续上表

| 项目 | 编号 | 扣分条件 | | 抽查数量 | 单位 | 扣分(分) |
|---|---|---|---|---|---|---|
| 密贴 | 18 | 尖轨轨底与台板密贴 | 0.2 mm < 间隙 ≤ 0.5 mm | 全面检测 | 块 | 2 |
| | 19 | | 0.5 mm < 间隙 ≤ 1.5 mm | 全面检测 | 块 | 4 |
| | 20 | | 间隙 > 1.5 mm | 全面检测 | 块 | 8 |
| | 21 | 基本轨轨撑与轨腰密贴 | 0.2 mm < 间隙 ≤ 0.5 mm | 全面检测 | 个 | 2 |
| | 22 | | 0.5 mm < 间隙 ≤ 2.0 mm | 全面检测 | 个 | 4 |
| | 23 | | 间隙 > 2.0 mm | 全面检测 | 个 | 8 |
| | 24 | 基本轨轨底与铁垫板密贴 | 0.5 mm < 间隙 ≤ 1.0 mm | 全面检测 | 块 | 2 |
| | 25 | | 1.0 mm < 间隙 ≤ 2.0 mm | 全面检测 | 块 | 4 |
| | 26 | | 间隙 > 2.0 mm | 全面检测 | 块 | 8 |
| 钢轨 | 27 | 尖轨相对于基本轨降低值偏差超过 1 mm,且对行车平稳性有影响 | | 全面检测、查看 | 处 | 16 |
| | 28 | 尖轨、基本轨轻伤 | | 全面检测、查看 | 处 | 16 |
| | 29 | 钢轨肥边 > 1 mm | | 全面检测 | 处 | 4 |
| | 30 | 钢轨折断未及时永久处理 | | 全面查看 | 处 | 41 |
| | 31 | 焊缝不符合表 1-2-43 要求 | | 全面检测 | 处 | 8 |

续上表

| 项目 | 编号 | 扣分条件 | | 抽查数量 | 单位 | 扣分(分) |
|---|---|---|---|---|---|---|
| 联结零件 | 32 | 轨撑及铁垫板螺栓 | 缺少 | 全面查看 | 个 | 16 |
| | 33 | | 松动 | 全面查看,重点检测 | 个 | 4 |
| | 34 | | 扭矩不符合规定 | 全面检测 | 个 | 2 |
| | 35 | 扣件 | 铁垫板缺少或折断 | 全面查看 | 块 | 41 |
| | 36 | | 橡胶垫板缺少/窜出或失效 | 全面查看 | 块 | 8/4 |
| | 37 | | 扣件(含轨撑)失效、缺少/连续失效、缺少 | 全面查看 | 个 | 8/41 |
| | 38 | | 预埋套管失效 | 全面查看 | 个 | 8 |
| | 39 | | 弹条中肢前端间隙不符合规定 | 全面查看,重点检测 | 个 | 2 |
| 轨枕 | 40 | 失效 | | 全面查看,重点检测 | 根 | 41 |
| | 41 | 吊板(枕上离缝大于2 mm) | | 全面查看,重点检测 | 头 | 4 |
| 无砟道床 | 42 | 道床板、底座 | 裂纹伤损达到Ⅱ级标准/达到Ⅲ级标准 | 全面查看,重点检测 | 处 | 1/4 |
| | 43 | | 缺损、掉块 | 全面查看 | 处 | 2 |
| 标识 | 44 | 缺少、错误、位置不对,字迹不清 | | 全面查看 | 处 | 1 |

注:钢轨折断未及时永久处理中的“未及时”指轨温具备焊接条件未进行永久处理。

## 第五节 精测网构成及主要技术标准

平面控制网在框架平面控制网(CP0)的基础上分三级布设,第一级为基础平面控制网(CPⅠ),主要为勘测、施工和运营维护提供坐标基准;第二级为线路平面控制网(CPⅡ),主要为勘测和施工提供控制基准;第三级为轨道控制网(CPⅢ),主要为轨道铺设和运营维护提供控制基准。

### 一、各级平面控制网的主要技术要求

各级平面控制网的主要技术要求见表1-5-1、表1-5-2和表1-5-3。

**表1-5-1 各级平面控制网主要技术要求**

| 控制网级别 | 测量方法 | 测量等级 | 点间距 | 相邻点位坐标中误差(mm) | 备注 |
|---|---|---|---|---|---|
| CP0 | GPS | | 50 km | 20 | |
| CPⅠ | GPS | 二等 | ≤4 km 一对点 | 10 | 点对间距≥800 m |
| CPⅡ | GPS | 三等 | 600 ~ 800 m | 8 | |
| | 导线 | 三等 | 400 ~ 800 m | 8 | 附合导线网 |
| CPⅢ | 自由设站边角交会 | | 50 ~ 70 m 一对点 | 1 | |

**表1-5-2 250 ~ 350 km/h 隧道洞内 CPⅡ导线测量主要技术要求**

| 控制网级别 | 附合长度 $L$ (km) | 边长(m) | 测距中误差(mm) | 测角中误差(″) | 相邻点相对点位中误差(mm) | 导线全长相对闭合差限差 | 方位角闭合差限差(″) | 对应导线等级 | 备注 |
|---|---|---|---|---|---|---|---|---|---|
| CPⅡ | $L \leqslant 2$ | 300 ~ 600 | 3 | 1.8 | 7.5 | 1/55 000 | $\pm 3.6\sqrt{n}$ | 三等 | 单导线 |
| CPⅡ | $2 < L \leqslant 7$ | 300 ~ 600 | 3 | 1.8 | 7.5 | 1/55 000 | $\pm 3.6\sqrt{n}$ | 三等 | 导线网 |
| CPⅡ | $L > 7$ | 300 ~ 600 | 3 | 1.3 | 5 | 1/100 000 | $\pm 2.6\sqrt{n}$ | 隧道二等 | 导线网 |

表 1-5-3 200～250(不含)km/h 隧道洞内 CPⅡ导线测量主要技术要求

| 控制网级别 | 适用长度（km） | 测量等级 | 测角中误差(″) | 导线全长相对闭合差限差 | 方位角闭合差限差（″） | 备注 |
|---|---|---|---|---|---|---|
| CPⅡ | 9～20 | 二 | 1.0 | 1/100 000 | $\pm 2.0\sqrt{n}$ | 导线网 |
| CPⅡ | 6～9 | 隧道二等 | 1.3 | 1/100 000 | $\pm 2.6\sqrt{n}$ | 导线网 |
| CPⅡ | 3～6 | 三 | 1.8 | 1/50 000 | $\pm 3.6\sqrt{n}$ | 导线网 |
| CPⅡ | 1.5～3 | 四 | 2.5 | 1/50 000 | $\pm 5\sqrt{n}$ | 导线网 |
| CPⅡ | <1.5 | 一级 | 4.0 | 1/20 000 | $\pm 8\sqrt{n}$ | 导线 |

## 二、CP0、CPⅠ、CPⅡ控制网 GPS 测量精度指标

CP0、CPⅠ、CPⅡ控制网 GPS 测量精度指标见表 1-5-4。

表 1-5-4 CP0、CPⅠ、CPⅡ控制网 GPS 测量精度指标

| 控制网级别 | 基线边方向中误差 | 最弱边相对中误差 |
|---|---|---|
| CP0 | — | 1/2 000 000 |
| CPⅠ | ≤1.3″ | 1/180 000 |
| CPⅡ | ≤1.7″ | 1/100 000 |

## 三、CPⅡ控制网导线测量精度指标

CPⅡ控制网导线测量精度指标见表 1-5-5。

表 1-5-5 CPⅡ控制网导线测量精度指标

| 控制网 | 附合长度（km） | 边长（m） | 测距中误差（mm） | 测角中误差（″） | 相邻点相对中误差（mm） | 导线全长相对闭合差限值 | 方位角闭合差限值（″） | 导线等级 |
|---|---|---|---|---|---|---|---|---|
| CPⅡ | ≤5 | 400～800 | 5 | 1.8 | 8 | 1/55 000 | $\pm 3.6\sqrt{n}$ | 三等 |

## 四、CPⅢ平面控制网的主要技术要求

CPⅢ平面控制网的主要技术要求见表1-5-6。

**表1-5-6　CPⅢ平面控制网主要技术要求**

| 控制网名称 | 测量方法 | 方向观测中误差 | 距离测量中误差 | 相邻点相对点位中误差 |
|---|---|---|---|---|
| CPⅢ平面控制网 | 自由测站边角交会 | 1.8″ | 1.0 mm | 1.0 mm |

## 五、高程控制网测量等级及布点要求

高程控制网测量等级及布点要求见表1-5-7。

**表1-5-7　高程控制网测量等级及布点要求**

| 控制网级别 | 测量方法 | 测量等级 | 点间距 |
|---|---|---|---|
| 基岩点 | 水准 | 一、二等 | 50 km |
| 深埋点 | 水准 | 二等 | 10 km |
| 普通水准点 | 水准 | 二等 | 2 km |
| CPⅢ | 水准 | 精密水准 | 50～70 m |

## 六、高程控制网的测量精度指标

高程控制网的测量精度指标见表1-5-8。

**表1-5-8　高程控制网的测量精度指标**

| 水准测量等级 | 每千米高差偶然中误差 $M_{\Delta}$(mm) | 每千米高差全中误差 $M_{W}$(mm) | 限差(mm) | | | |
|---|---|---|---|---|---|---|
| | | | 检测已测段高差之差 | 往返测高差不符值 | 附合路线或环线闭合差 | 左右路线高差不符值 |
| 二等水准 | ≤1.0 | ≤2.0 | $\pm 6\sqrt{L}$ | $\pm 4\sqrt{L}$ | $\pm 4\sqrt{L}$ | — |
| 精密水准 | ≤2.0 | ≤4.0 | $\pm 8\sqrt{L}$ | $\pm 8\sqrt{L}$ | $\pm 8\sqrt{L}$ | $\pm 6\sqrt{L}$ |

注：$L$为对应的线路长度(km)。

## 七、精测网复测要求

平面复测后应按表1-5-9要求对成果进行评定,水准点间复测高差与原测高差之差按表1-5-8要求进行评定。

**表1-5-9 平面控制网复测限差要求**

| 控制点 | 同精度复测坐标较差限差(mm) | 相邻点间坐标差之差的相对精度限差 |
|---|---|---|
| CP0 | 20 | — |
| CPⅠ | 20 | 1/130 000 |
| CPⅡ | 15 | 1/80 000 |
| CPⅢ | 3 | — |

# 第二章　有砟轨道线路

## 第一节　线路设备维修标准

### 一、轨道静态几何尺寸容许偏差管理标准

1. 线路静态几何尺寸容许偏差管理值见表 2-1-1 和表 2-1-2。

**表 2-1-1　200～250 km/h 线路轨道静态几何尺寸容许偏差管理值**

| 项　目 | 作业验收 | 经常保养 | 临时补修 | 限速(160 km/h) |
|---|---|---|---|---|
| 轨距(mm) | +2<br>-2 | +4<br>-2 | +6<br>-4 | +8<br>-6 |
| 水平(mm) | 3 | 5 | 8 | 10 |
| 高低(mm) | 3 | 5 | 8 | 11 |
| 轨向(直线)(mm) | 3 | 4 | 7 | 9 |
| 扭曲(mm/3 m) | 3 | 4 | 6 | 8 |
| 轨距变化率 | 1/1 500 | 1/1 000 | — | — |

注:①高低和轨向偏差为 10 m 及以下弦测量的最大矢度值。
②扭曲偏差不含曲线超高顺坡造成的扭曲量。

**表 2-1-2　250(不含)～300 km/h 线路轨道静态几何尺寸容许偏差管理值**

| 项　目 | 作业验收 | 经常保养 | 临时补修 | 限速(200 km/h) |
|---|---|---|---|---|
| 轨距(mm) | +2<br>-2 | +4<br>-2 | +5<br>-3 | +6<br>-4 |
| 水平(mm) | 2 | 4 | 6 | 7 |
| 高低(mm) | 2 | 4 | 7 | 8 |
| 轨向(直线)(mm) | 2 | 4 | 5 | 6 |

续上表

| 项目 | 作业验收 | 经常保养 | 临时补修 | 限速(200 km/h) |
|---|---|---|---|---|
| 扭曲(mm/3 m) | 2 | 3 | 5 | 6 |
| 轨距变化率 | 1/1 500 | 1/1 000 | — | — |

注:①高低和轨向偏差为10 m及以下弦测量的最大矢度值。
②扭曲偏差不含曲线超高顺坡造成的扭曲量。

2. 道岔静态几何尺寸容许偏差管理值见表2-1-3和表2-1-4。

**表2-1-3　200～250 km/h道岔静态几何尺寸容许偏差管理值**

| 项目 | | 作业验收 | 经常保养 | 临时补修 | 限速(160 km/h) |
|---|---|---|---|---|---|
| 轨距(mm) | | +2<br>−2 | +4<br>−2 | +5<br>−2 | +8<br>−6 |
| 水平(mm) | | 3 | 5 | 7 | 10 |
| 高低(mm) | | 3 | 5 | 7 | 11 |
| 轨向(mm) | 直股 | 3 | 4 | 6 | 9 |
| | 支距 | 2 | 3 | 4 | — |
| 扭曲(mm/3 m) | | 3 | 4 | 6 | 8 |
| 轨距变化率 | | 1/1 500 | 1/1 000 | — | — |

注:①支距偏差为实际支距与计算支距之差,导曲线支距测量应从尖轨跟端开始直至道岔导曲线结束。
②导曲线下股高于上股的限值:12号道岔作业验收为2 mm,经常保养为3 mm,临时补修为5 mm;18号及以上道岔作业验收为0 mm,经常保养为2 mm,临时补修为3 mm。
③轨距偏差不含构造轨距加宽量。

**表2-1-4　250(不含)～300 km/h道岔静态几何尺寸容许偏差管理值**

| 项目 | | 作业验收 | 经常保养 | 临时补修 | 限速(200 km/h) |
|---|---|---|---|---|---|
| 轨距(mm) | 岔区 | +1<br>−1 | +4<br>−2 | +5<br>−2 | +6<br>−4 |
| | 尖轨尖 | +1<br>−1 | +2<br>−2 | +3<br>−2 | |
| 水平(mm) | | 2 | 4 | 6 | 7 |

续上表

| 项　目 | | 作业验收 | 经常保养 | 临时补修 | 限速(200 km/h) |
|---|---|---|---|---|---|
| 高低(mm) | | 2 | 4 | 7 | 8 |
| 轨向(mm) | 直　股 | 2 | 4 | 5 | 6 |
| | 支　距 | 2 | 3 | 4 | — |
| 扭曲(mm/3 m) | | 2 | 3 | 5 | 6 |
| 轨距变化率 | | 1/1 500 | 1/1 000 | — | — |

注:①支距偏差为实际支距与计算支距之差。
②导曲线下股高于上股的限值:18 号及以上道岔作业验收为 0 mm,经常保养为 2 mm,临时补修为 3 mm。
③轨距偏差不含构造轨距加宽量。

3. 调节器静态几何尺寸容许偏差管理值见表 2-1-5 和表 2-1-6。

**表 2-1-5　200 ~ 250 km/h 调节器静态几何尺寸容许偏差管理值**

| 项　目 | | 作业验收 | 经常保养 | 临时补修 | 限速(160 km/h) |
|---|---|---|---|---|---|
| 轨距(mm) | 尖轨尖 | +1<br>−1 | +2<br>−2 | +3<br>−2 | +8<br>−6 |
| | 其　他 | +1<br>−1 | +4<br>−2 | +5<br>−2 | |
| 水平(mm) | | 2 | 5 | 7 | 10 |
| 高低(mm) | | 2 | 5 | 7 | 11 |
| 轨向(mm) | | 2 | 4 | 6 | 9 |
| 扭曲(mm/3 m) | | 3 | 4 | 6 | 8 |
| 轨距变化率 | | 1/1 500 | 1/1 000 | — | — |

注:轨距偏差不含构造轨距加宽量。

**表 2-1-6　250(不含) ~ 300 km/h 调节器静态几何尺寸容许偏差管理值**

| 项　目 | | 作业验收 | 经常保养 | 临时补修 | 限速(200 km/h) |
|---|---|---|---|---|---|
| 轨距(mm) | 尖轨尖 | +1<br>−1 | +2<br>−2 | +3<br>−2 | +6<br>−4 |
| | 其　他 | +1<br>−1 | +4<br>−2 | +5<br>−2 | |

续上表

| 项　目 | 作业验收 | 经常保养 | 临时补修 | 限速(200 km/h) |
|---|---|---|---|---|
| 水平(mm) | 2 | 4 | 6 | 7 |
| 高低(mm) | 2 | 4 | 7 | 8 |
| 轨向(mm) | 2 | 4 | 5 | 6 |
| 扭曲(mm/3 m) | 2 | 3 | 5 | 6 |
| 轨距变化率 | 1/1 500 | 1/1 000 | — | — |

注:轨距偏差不含构造轨距加宽量。

4. 轨道静态几何尺寸长弦测量作业验收容许偏差管理值见表 2-1-7。

**表 2-1-7　长弦测量作业验收容许偏差管理值**

| 项　目 | 基线长(m) | 测点间距(m) | 容许偏差(mm) |
|---|---|---|---|
| 高　低 | 300 | 150 | ≤10 |
| | 30 | 5 | ≤2 |
| 方　向 | 300 | 150 | ≤10 |
| | 30 | 5 | ≤2 |

注:当弦长为 30 m 时,相距 5 m 的任意两测点实际矢度差与设计矢度差的偏差不得大于 2 mm;当弦长为 300 m 时,相距 150 m 的任意两测点实际矢度差与设计矢度差的偏差不得大于 10 mm。

5. 曲线正矢作业验收、经常保养和临时补修容许偏差管理值见表 2-1-8 和表 2-1-9。

**表 2-1-8　200 ~ 250 km/h 线路曲线正矢容许偏差管理值**

| 项　目 | 实测正矢与计算正矢差(mm) | | 圆曲线正矢连续差(mm) | 圆曲线最大最小正矢差(mm) |
|---|---|---|---|---|
| | 缓和曲线 | 圆曲线 | | |
| 作业验收 | 2 | 3 | 4 | 5 |
| 经常保养 | 3 | 4 | 5 | 6 |
| 临时补修 | 5 | 6 | 7 | 8 |

注:曲线正矢用 20 m 弦在钢轨踏面下 16 mm 处测量。

**表 2-1-9　250（不含）~300 km/h 线路曲线正矢容许偏差管理值**

| 项　目 | 实测正矢与计算正矢差(mm) | | 圆曲线正矢连续差(mm) | 圆曲线最大最小正矢差(mm) |
|---|---|---|---|---|
| | 缓和曲线 | 圆曲线 | | |
| 作业验收 | 2 | 3 | 3 | 5 |
| 经常保养 | 3 | 4 | 5 | 6 |
| 临时补修 | 4 | 5 | 6 | 8 |

注：曲线正矢用 20 m 弦在钢轨踏面下 16 mm 处测量。

## 二、轨道动态不平顺管理值

线路动态不平顺是指线路不平顺的动态反映，主要通过综合检测列车进行检测。动态不平顺管理分为峰值管理和均值管理。

（一）峰值管理

1. 轨道动态不平顺检查项目及评分标准见表 2-1-10。

**表 2-1-10　轨道动态不平顺检查项目及评分标准**

| 动态不平顺检查项目 | 轨距、水平、轨向、高低、扭曲、复合不平顺、车体垂向振动加速度、车体横向振动加速度、轨距变化率 | | | |
|---|---|---|---|---|
| 项目偏差等级 | Ⅰ级 | Ⅱ级 | Ⅲ级 | Ⅳ级 |
| 偏差扣分标准 | 1 分 | 5 分 | 100 分 | 301 分 |
| 动态评定标准（每千米线路） | 优良：总扣分在 50 分及以内；合格：总扣分在 51 ~300 分；失格：总扣分在 300 分以上 | | | |

2. 各项偏差等级划分及容许偏差管理值见表 2-1-11、2-1-12。

**表 2-1-11　200 ~250 km/h 线路轨道动态质量容许偏差管理值**

| 项　目 | 经常保养 | 舒适度 | 临时补修 | 限速(160 km/h) |
|---|---|---|---|---|
| 偏差等级 | Ⅰ级 | Ⅱ级 | Ⅲ级 | Ⅳ级 |
| 轨距(mm) | +4<br>−3 | +6<br>−4 | +8<br>−6 | +12<br>−8 |

续上表

| 项　目 | | 经常保养 | 舒适度 | 临时补修 | 限速(160 km/h) |
|---|---|---|---|---|---|
| 水平(mm) | | 5 | 8 | 10 | 13 |
| 扭曲(基长 3 m)(mm) | | 4 | 6 | 8 | 10 |
| 高低(mm) | 波长 1.5～42 m | 5 | 8 | 11 | 14 |
| 轨向(mm) | | 5 | 7 | 8 | 10 |
| 高低(mm) | 波长 1.5～70 m | 6 | 10 | 15 | — |
| 轨向(mm) | | 6 | 8 | 12 | — |
| 车体垂向加速度($m/s^2$) | | 1.0 | 1.5 | 2.0 | 2.5 |
| 车体横向加速度($m/s^2$) | | 0.6 | 0.9 | 1.5 | 2.0 |
| 轨距变化率(基长 3 m)(‰) | | 1.0 | 1.2 | — | — |

注:①表中管理值为轨道不平顺实际幅值的半峰值;
②水平限值不包含曲线按规定设置的超高值及超高顺坡量;
③扭曲限值包含缓和曲线超高顺坡造成的扭曲量;
④车体垂向加速度采用 20 Hz 低通滤波,车体横向加速度Ⅰ、Ⅱ级标准采用 0.5～10 Hz 带通滤波处理的值进行评判,Ⅲ、Ⅳ级标准采用 10 Hz 低通滤波处理的值进行评判;
⑤避免出现连续多波不平顺和轨向、水平逆向复合不平顺。

**表 2-1-12　250(不含)～300 km/h 线路轨道动态质量容许偏差管理值**

| 项　目 | | 经常保养 | 舒适度 | 临时补修 | 限速(200 km/h) |
|---|---|---|---|---|---|
| 偏差等级 | | Ⅰ级 | Ⅱ级 | Ⅲ级 | Ⅳ级 |
| 轨距(mm) | | +4<br>−3 | +6<br>−4 | +7<br>−5 | +8<br>−6 |
| 水平(mm) | | 5 | 6 | 7 | 8 |
| 扭曲(基长 3 m)(mm) | | 4 | 6 | 7 | 8 |
| 高低(mm) | 波长 1.5～42 m | 5 | 6 | 8 | 10 |
| 轨向(mm) | | 4 | 5 | 6 | 7 |
| 高低(mm) | 波长 1.5～120 m | 7 | 9 | 12 | 15 |
| 轨向(mm) | | 6 | 8 | 10 | 12 |
| 复合不平顺(mm) | | 6 | 8 | — | — |

续上表

| 项　目 | 经常保养 | 舒适度 | 临时补修 | 限速(200 km/h) |
|---|---|---|---|---|
| 车体垂向加速度($m/s^2$) | 1.0 | 1.5 | 2.0 | 2.5 |
| 车体横向加速度($m/s^2$) | 0.6 | 0.9 | 1.5 | 2.0 |
| 轨距变化率(基长3 m)(‰) | 1.0 | 1.2 | — | — |

注:①表中管理值为轨道不平顺实际幅值的半峰值;
②水平限值不包含曲线按规定设置的超高值及超高顺坡量;
③扭曲限值包含缓和曲线超高顺坡造成的扭曲量;
④车体垂向加速度采用20 Hz低通滤波,车体横向加速度Ⅰ、Ⅱ级标准采用0.5~10 Hz带通滤波处理的值进行评判,Ⅲ、Ⅳ级标准采用10 Hz低通滤波处理的值进行评判;
⑤复合不平顺指水平和轨向逆相位复合不平顺,按水平和1.5~42 m轨向代数差计算。避免出现连续多波不平顺。

### (二)均值管理

200~250 km/h和250(不含)~300 km/h线路轨道质量指数(TQI)和单项标准差管理值见表2-1-13和表2-1-14。

**表2-1-13　200~250 km/h线路轨道质量指数(TQI)管理值**

| 项　目 | | 高低 | 轨向 | 轨距 | 水平 | 扭曲 | TQI |
|---|---|---|---|---|---|---|---|
| 波长范围 | 1.5~42 m | 1.4×2 | 1.0×2 | 0.9 | 1.1 | 1.2 | 8.0 |

注:波长范围为1.5~42 m的单项标准差计算长度200 m。

**表2-1-14　250(不含)~300 km/h线路轨道质量指数(TQI)管理值**

| 项　目 | | 高低 | 轨向 | 轨距 | 水平 | 扭曲 | TQI |
|---|---|---|---|---|---|---|---|
| 波长范围 | 1.5~42 m | 0.8×2 | 0.7×2 | 0.6 | 0.7 | 0.7 | 5.0 |

注:波长范围为1.5~42 m的单项标准差计算长度200 m。

## 三、车辆动力学指标管理值

车辆动力学指标包括脱轨系数、轮重减载率、轮轴横向力,横向力和垂向力通过综合检测列车的测力轮对来测量。

车辆动力学指标管理值见表 2-1-15。

**表 2-1-15　车辆动力学指标管理值**

| 项目 | 脱轨系数 $Q/P$ | 轮重减载率 $\Delta P/\overline{P}$ | 轮轴横向力 $H$(kN) |
|---|---|---|---|
| 管理值 | 不大于 0.8 | 不大于 0.8 | 不大于 $10+P_0/3$ |

注：①$Q$ 为轮轨横向力；$P$ 为轮轨垂向力；$\overline{P}$ 为平均静轮重；$\Delta P$ 为轮轨垂向力相对平均静轮重的减载量；$P_0$ 为静轴重；
②间断式测力轮对的轮重减载率按双峰值评定。

# 第二节　线路设备标准和修理要求

## 一、线路平面

1. 曲线超高应满足旅客舒适度要求，按设计允许速度（设计有预留速度时按预留速度）进行计算并设置。允许速度 200～350 km/h 有砟铁路曲线超高见表 2-2-1。

**表 2-2-1　允许速度 200～350 km/h 有砟铁路曲线超高**

| 名称 | 超高 | 欠超高 | 过超高 | 曲线超高顺坡率 | 备注 |
|---|---|---|---|---|---|
| 曲线 | 不大于150 mm | 不大于40 mm | 不大于70 mm（仅运行客车） | 不大于 $1/(10v_{max})$ | 一般条件下 |
| | 不大于170 mm | 不大于60 mm | | 不大于 $1/(9v_{max})$ | 困难条件下 |

注：客货共线线路货物列车按 80 km/h 速度检算时，过超高不应大于 50 mm；初期兼顾货运的客运专线，货物列车按 80 km/h 速度检算时，最大过超高不得大于 90 mm。

2. 车站两端曲线超高设置应满足表 2-2-2 的检算要求（$v$ 为旅客列车进出站通过曲线时的速度）。

**表 2-2-2　车站两端曲线超高**

| 地点及名称 | 旅客列车进出站通过曲线时的速度 | 过超高 | 备注 |
|---|---|---|---|
| 车站两端曲线 | $v \leqslant 160$ km/h | 不大于 90 mm | 一般条件 |
| | | 不大于 110 mm | 困难条件 |

续上表

| 地点及名称 | 旅客列车进出站通过曲线时的速度 | 过超高 | 备注 |
|---|---|---|---|
| 车站两端曲线 | 160 km/h < $v$ ≤ 200 km/h | 不大于 90 mm | 困难条件 |
| | 200 km/h < $v$ ≤ 250 km/h | 不大于 80 mm | 困难条件 |

注:在使用困难条件时,原则上应先用足进出站列车的过超高困难条件,再使用通过列车的欠超高困难条件;若仍不满足要求,应适当降低线路允许速度,直至超高设置符合规定。

3. 未被平衡欠超高和未被平衡过超高分别按下列公式检算:

$$H_c = 11.8\frac{v_{max}^2}{R} - H \qquad H_g = H - 11.8\frac{v_h^2}{R}$$

式中 $H$——实设超高(mm);

$H_c$——未被平衡欠超高(mm);

$H_g$——未被平衡过超高(mm);

$v_{max}$——线路允许(预留)速度(km/h);

$v_h$——只运行客车的线路为低速客车行车速度(km/h)。

4. 区间及站内正线线间距不应小于表 2-2-3 的规定,曲线地段可不加宽。正线与既有铁路或客货共线铁路并行地段线间距不应小于 5.3 m。

**表 2-2-3　区间及站内正线线间距**

| 设计行车速度(km/h) | 300 | 250 | 200 |
|---|---|---|---|
| 最小线间距(m) | 4.8 | 4.6 | 4.4 |

5. 夹直线长度应满足表 2-2-4 条件。

**表 2-2-4　夹直线长度**

| 地点及名称 | 一般条件 | 困难条件 | 备注 |
|---|---|---|---|
| 相邻两曲线间夹直线 | 不小于 $0.8v_{max}$ | 不小于 $0.6v_{max}$ | |
| 两缓和曲线间圆曲线最小长度 | | | |
| 正线曲线与道岔间夹直线长度 | 不小于 $0.6v_{max}$ | 不小于 $0.5v_{max}$ | |

续上表

| 地点及名称 | 一般条件 | 困难条件 | 备注 |
|---|---|---|---|
| 正线道岔对向设置，道岔间直线段长度 | 不大于 50 m | 不大于 33 m | 有列车同时通过两侧线时 |
| | 不大于 25 m | | 无列车同时通过两侧线或道岔顺向布置时 |

## 二、线路纵断面

1. 线路最大坡度应满足表 2-2-5 条件。

**表 2-2-5　正线线路最大坡度**

| 设计行车速度(km/h) | 200～250(不含) | 250～300 | 备注 |
|---|---|---|---|
| 最大坡度(‰) | 20 | 20 | 一般条件 |
| | | 30 | 困难条件 |

2. 正线最小坡段长度应符合表 2-2-6 规定。一般条件的最小坡段长度不宜连续采用，困难条件下的最小坡段长度不得连续采用。

**表 2-2-6　最小坡段长度**

| 设计行车速度(km/h) | 300 | 250 | 200 |
|---|---|---|---|
| 一般条件(m) | 1200 | 1200 | 800 |
| 困难条件(m) | 900 | 900 | 600 |

3. 正线相邻坡段坡度差大于或等于 1‰时，应设置圆曲线型竖曲线连接，最小竖曲线半径按表 2-2-7 选用，最大竖曲线半径不应大于 30 000 m，最小竖曲线长度不得小于 25 m。

**表 2-2-7　最小竖曲线半径**

| 设计行车速度(km/h) | 300 | 250 | 200 |
|---|---|---|---|
| 最小竖曲线半径(m) | 25 000 | 20 000 | 15 000 |

4. 竖曲线(或变坡点)与缓和曲线、道岔及调节器均不得重叠设置。竖曲线与平面圆曲线不宜重叠设置,困难条件下应符合表 2-2-8 的规定。

**表 2-2-8　竖曲线与平面圆曲线重叠设置的曲线半径最小值**

| 设计行车速度(km/h) | 300 | 250 | 200 |
| --- | --- | --- | --- |
| 平面最小圆曲线半径(m) | 5 000 | 3 500 | — |
| 最小竖曲线半径(m) | 25 000 | 20 000 | — |

## 三、道　　床

1. 正线有砟道床尺寸应符合表 2-2-9 要求。

**表 2-2-9　道床断面尺寸**

| 速度等级(km/h) | 砟肩宽度(m) | 厚度(mm) | 边坡 | 砟肩堆高(mm) | 道床顶面位置(mm) | | |
| --- | --- | --- | --- | --- | --- | --- | --- |
| | | | | | 轨枕中部 | 轨底处 | 道岔区 |
| 200～250(不含) | 不小于 0.5 | 350 | 1：1.75 | 150 | 与轨枕顶面平齐 | 轨枕承轨面以下 30～40 | 岔枕顶面以下 30～40 |
| 250～300 | | | | 100 | | 轨枕承轨面以下 40～50 | 岔枕顶面以下 40～50 |

2. 碎石道砟粒径级配应符合表 2-2-10 的要求。

**表 2-2-10　道砟粒径级配要求**

| 粒径 | 筛分机底筛孔边长(mm) 31.5～50 | | | | | |
| --- | --- | --- | --- | --- | --- | --- |
| 级配 | 方孔筛孔边长(mm) | 22.4 | 31.5 | 40 | 50 | 63 |
| | 过筛质量百分率(%) | 0～3 | 1～25 | 30～65 | 70～99 | 100 |
| 颗粒分布 | 方孔筛*孔边长(mm) | 31.5～50 | | | | |
| | 颗粒质量百分率(%) | ≥50 | | | | |

注:* 指金属丝编织的标准方孔筛。

3. 道床应保持饱满、密实,道床阻力等状态参数应符合表 2-2-11 的要求。

**表 2-2-11 道床主要状态参数指标**

| 速度(km/h) | 纵向阻力(kN/枕) | 横向阻力(kN/枕) | 支承刚度(kN/mm) | 道床密实度($g/cm^3$) |
|---|---|---|---|---|
| 200~250 | ≥12 | ≥10 | ≥110 | ≥1.75 |
| 250(不含)~300 | ≥14 | ≥12 | ≥120 | ≥1.75 |

## 四、轨　枕

1. 应根据设计采用相应Ⅲ型混凝土枕,轨枕配置标准为每千米 1 667 根,均匀布置。

2. 应及时更换失效、修理伤损的混凝土枕。混凝土枕失效及严重伤损判定标准见表 2-2-12。

**表 2-2-12 混凝土枕失效及严重伤损判定标准**

| 伤损等级 | 伤损判定 |
|---|---|
| 失　效 | (1)明显折断<br>(2)轨枕纵向通裂:挡肩顶角处裂缝宽大于 1.5 mm;纵向水平裂缝基本贯通(缝宽大于 0.5 mm)<br>(3)轨枕横裂或斜裂接近环状裂缝(残余裂缝宽度超过 0.5 mm 或长度超过 2/3 枕高)<br>(4)挡肩缺损,接近失去支承能力(缺损长度超过挡肩长度的 1/2)<br>(5)严重掉块<br>(6)预埋铁座损坏<br>(7)预埋件周围的混凝土裂纹宽度大于 1.5 mm |
| 严重伤损 | (1)轨枕横裂或斜裂的裂缝长度为枕高 1/2~2/3<br>(2)轨枕纵裂:两螺栓孔间纵裂;挡肩顶角处裂缝宽不大于 1.5 mm;纵向水平裂缝基本贯通(裂缝宽不大于 0.5 mm)<br>(3)挡肩缺损长度为总长度的 1/3~1/2<br>(4)严重网状龟裂和掉块<br>(5)承轨槽压溃,深度超过 2 mm<br>(6)钢筋(或钢丝)外露(长度超过 100 mm) |

## 五、钢　　轨

1. 钢轨应符合《高速铁路用钢轨》(TB/T 3276)规定。钢轨几何尺寸、平直度和扭曲、表面质量缺陷深度允许偏差分别见表2-2-13、表2-2-14和表2-2-15。

**表2-2-13　钢轨几何尺寸允许偏差**

| 项　　目 | 允许偏差(mm) |
|---|---|
| 钢轨高度 | ±0.6 |
| 轨头宽度 | ±0.5 |
| 轨冠饱满度 | +0.6，−0.3 |
| 轨底宽度 | ±1.0 |
| 轨腰厚度 | +1.0，−0.5 |
| 轨底边缘厚度 | +0.75，−0.5 |
| 接头夹板安装面斜度 | ±0.50 |
| 接头夹板安装面高度 | +0.6，−0.5 |
| 轨底凹陷 | ≤0.3 |
| 端面斜度(垂直、水平方向) | ≤0.6 |
| 断面不对称 | ±1.2 |
| 长度(环境温度20℃时) | 100 m±30 |
| 螺栓孔直径 | ±0.7 |
| 螺栓孔位置 | ±0.7 |

**表2-2-14　钢轨平直度和扭曲允许偏差**

| 部　　位 | 项　　目 | 允许偏差 |
|---|---|---|
| 轨端0~2m部位 | 垂直(向上) | 0~1 m：≤0.3 mm/1 m<br>0~2 m：≤0.4 mm/2 m |
| | 垂直(向下) | ≤0.2 mm/2 m |
| | 水平(左右) | 0~1 m：≤0.4 mm/1 m<br>0~2 m：≤0.6 mm/2 m |

续上表

| 部　位 | 项　目 | 允许偏差 |
| --- | --- | --- |
| 距轨端 1 ~ 3 m 部位 | 垂　直 | ≤0. 3 mm/2 m |
| | 水　平 | ≤0. 6 mm/2 m |
| 轨　身 | 垂　直 | ≤0. 3 mm/3 m 和 0. 2 mm/1 m |
| | 水　平 | ≤0. 5 mm/2 m |
| 钢轨全长 | 上弯曲和下弯曲 | ≤10 mm |
| | 侧弯曲 | 弯曲半径 $R$ >1 500 m |
| | 扭　曲 | 轨端 1 m 内≤0. 45 mm |

**表 2-2-15　钢轨表面缺陷深度允许偏差**

| 表面缺陷类别 | 允许偏差 |
| --- | --- |
| 热轧状态下刮伤、轧痕、纵向线纹、折叠、氧化皮压入轧痕深度 | 轨头踏面≤0. 35 mm<br>其他部位≤0. 50 mm |
| 冷态下形成的纵、横向划痕、碰伤深度 | 轨头踏面和轨底下表面≤0. 30 mm<br>其他部位≤0. 50 mm |
| 表面缺陷修磨(最大允许修磨深度和修磨处数) | 踏面 0. 35 mm;其他部位 0. 5 mm<br>每 10m 可修磨一处 |

2. 钢轨轻伤和重伤评判标准见表 2-2-16、表 2-2-17 和表 2-2-18。

**表 2-2-16　钢轨轻伤和重伤评判标准**

| 伤损项目 | 伤损程度 | | 备　注 |
| --- | --- | --- | --- |
| | 轻　伤 | 重　伤 | |
| 钢轨头部磨耗 | 磨耗量超过表 2-2-17 所列限度之一者 | 磨耗量超过表 2-2-18 所列限度之一者 | |
| 轨顶面擦伤 | 200 ~ 250 km/h:深度大于 0. 5 mm | 200 ~ 250 km/h:深度大于 1 mm | |
| | 250(不含) ~ 300 km/h:深度大于 0. 35 mm | 250(不含) ~ 300 km/h:深度大于 0. 5 mm | |
| 剥离掉块 | — | 有 | |

续上表

<table>
<tr><td colspan="2" rowspan="2">伤损项目</td><td colspan="2">伤损程度</td><td rowspan="2">备　注</td></tr>
<tr><td>轻　伤</td><td>重　伤</td></tr>
<tr><td colspan="2">波形磨耗</td><td>—</td><td>谷深 ≥0.2 mm</td><td></td></tr>
<tr><td colspan="2">焊接接头低塌</td><td>0.2 mm < 低塌 < 0.4 mm</td><td>低塌 ≥0.4 mm</td><td>1 m 直尺测量</td></tr>
<tr><td colspan="2">钢轨表面裂纹</td><td>—</td><td>出现轨头下颚水平裂纹(透锈)、轨腰水平裂纹、轨头纵向裂纹、轨底裂纹等</td><td>不含轮轨接触疲劳引起轨顶面表面或近表面的鱼鳞裂纹</td></tr>
<tr><td rowspan="2">超声波探伤缺陷</td><td>焊接及材质缺陷</td><td>焊接缺陷或钢轨内部材质缺陷未达到判废标准,但与判废标准差值小于 6 dB</td><td>焊接缺陷或钢轨内部材质缺陷达到判废标准</td><td></td></tr>
<tr><td>内部裂纹</td><td>—</td><td>横向、纵向、斜向及其他裂纹和内部裂纹造成的踏面凹陷(隐伤)</td><td></td></tr>
<tr><td colspan="2">钢轨锈蚀</td><td>—</td><td>经除锈后,轨底厚度不足 8 mm 或轨腰厚度不足 12 mm</td><td></td></tr>
</table>

注:谷深为相邻波峰与波谷间的垂直距离。

**表 2-2-17　钢轨头部磨耗轻伤标准**

| 名称 | 总　磨　耗(mm) | 垂直磨耗(mm) | 侧面磨耗(mm) |
|---|---|---|---|
| 区间钢轨、导轨 | 9 | 8 | 10 |
| 基本轨、翼轨 | 7 | 6 | 8 |
| 尖轨、心轨、叉跟尖轨 | 6 | 4 | 6 |

注:①总磨耗 = 垂直磨耗 + 1/2 侧面磨耗。

②对于导轨、翼轨及尖轨、心轨、叉跟尖轨全断面区段,垂直磨耗在钢轨顶面宽 1/3 处(距标准工作边)测量;对于尖轨、心轨、叉跟尖轨机加工区段,垂直磨耗自轨头最高点测量。

③侧面磨耗在钢轨踏面(按标准断面)下 16 mm 处测量。

④磨耗影响 4 mm 检查和调整时,按重伤处理。

⑤基本轨、翼轨、尖轨、心轨磨耗会影响密贴及轨件高差,磨耗的轻重伤标准应较区间钢轨严格。

**表 2-2-18　钢轨头部磨耗重伤标准**

| 名称 | 垂直磨耗(mm) | 侧面磨耗(mm) |
|---|---|---|
| 区间钢轨、导轨 | 10 | 12 |
| 基本轨、翼轨 | 8 | 10 |
| 尖轨、心轨、叉跟尖轨 | 6 | 8 |

3. 当钢轨出现表 2-2-19 所列表面轻伤及其他表面伤损时,应及时进行整修,或采用无损加固处理。

**表 2-2-19　钢轨病害整治限度**

| 钢轨病害 | 限度 | | 测量方法 |
|---|---|---|---|
| | 200～250 km/h | 250(不含)～350 km/h | |
| 钢轨肥边 | >1 mm | >0.8 mm | 直尺、深度尺测量 |
| 轨顶面擦伤 | 深度大于 0.5 mm | 深度大于 0.35 mm | |
| 硬　弯 | >0.3 mm | >0.2 mm | 1 m 直尺测量矢度 |
| 焊缝(接头)轨顶面低塌或马鞍形磨耗 | >0.3 mm | >0.2 mm | |
| 波形磨耗 | 钢轨表面有周期性波磨且平均谷深超过 0.04 mm(车载检测)或最大谷深达到 0.08 mm(手工检测),波长不大于 300 mm | 钢轨表面有周期性波磨且平均谷深超过 0.04 mm(车载检测)或最大谷深达到 0.08 mm(手工检测),波长不大于 300 mm | 测试精度 0.01 mm 及以上,且测试长度不小于采样窗长度 |
| 表面局部微细疲劳裂纹(鱼鳞纹) | 肉眼可见 | 肉眼可见 | 目视 |
| 尖轨扭转、硬弯、尖轨磨耗、心轨磨耗造成光带异常并影响行车稳定性时 | 尖轨相对于基本轨降低值偏差超过 1 mm 且车体横向、垂向加速度三级偏差 | 尖轨相对于基本轨降低值偏差超过 1 mm 且车体横向、垂向加速度三级偏差 | 人工及综合检测列车 |

4. 钢轨打磨质量技术应满足表 2-2-20 和表 2-2-21 的要求。

**表 2-2-20　钢轨打磨作业验收标准**

| 项　　目 | 验收标准（mm） | 测量方法 | 说明 |
| --- | --- | --- | --- |
| 钢轨母材轨头内侧工作面 | +0.2<br>0 | 1 m<br>直尺测量矢度 | “+”表示凹进 |
| 钢轨母材轨顶面或马鞍形磨耗 | +0.2<br>0 | | “+”表示凸出 |
| 焊缝顶面 | +0.2<br>0 | | “+”表示凸出 |
| 焊缝内侧工作面 | +0.2<br>0 | | “+”表示凹进 |

**表 2-2-21　钢轨波磨打磨作业验收标准**

| 项目 | 验收标准 | | | | 测量方法 | 说明 |
| --- | --- | --- | --- | --- | --- | --- |
| 波长（mm） | 10～30 | 30～100 | 100～300 | 300～1 000 | | |
| 采样窗长度（mm） | 600 | 600 | 1 000 | 5 000 | | |
| 谷深平均值（mm） | 0.02 | 0.02 | 0.03 | 0.15 | 测试精度 0.01 mm 及以上，且测试长度不小于采样窗长度 | 打磨作业完成后 8 天内或在打磨后通过总重 30 万 t 之前测量 |
| 允许超限百分率（%） | 5 | 5 | 5 | 5 | 连续测量打磨波磨钢轨长度 100 m（车载检测）或 30 m（手工检测） | |

## 六、扣　　件

1. 有砟轨道扣件技术参数见表 2-2-22。

**表 2-2-22　有砟轨道扣件技术参数**

| 扣件类型 | 主要技术参数 |
| --- | --- |
| 弹条<br>V 型扣件 | （1）弹条：一般地段使用的 W2 型弹条（直径为 14 mm）和桥上可能使用的 X3 型弹条（直径为 13 mm）两种；W2 型弹条扭矩为 130～170 N · m，X3 型弹条扭矩为 80～110 N · m |

续上表

| 扣件类型 | 主要技术参数 |
|---|---|
| 弹条<br>Ⅴ型扣件 | (2)轨距挡板:分2~8号七种规格,标准轨距时采用4号和6号<br>(3)调高垫板:按厚度分为1 mm、2 mm、5 mm和8 mm四种规格 |
| 弹条<br>Ⅳ型扣件 | (1)弹条:分C4型、JA型和JB型三种。一般地段安装C4型弹条钢轨接头处安装JA和JB型弹条;C4型弹条的直径为20 mm,JA和JB型弹条的直径为18 mm<br>(2)绝缘轨距块:分两种,即一般地段使用的轨距块G4和钢轨接头处使用的轨距块G4J,每种轨距块各有7号~13号七个规格,标准轨距时采用9号和11号<br>(3)弹条扣压力不应小于9 kN(夹板位置弹条除外) |
| FC型<br>扣件 | (1)弹条:分FC1504型、FC1502型和FC1306型三种。一般地段安装FC1504型弹条,钢轨绝缘接头处安装FC1502型弹条,小阻力地段安装FC1306型弹条。FC1504型和FC1502型弹条的直径为15 mm,FC1306型弹条的直径为13 mm<br>(2)绝缘轨距挡块有6~15 mm厚度共10个规格,标准轨距时同一轨底内外两侧分别采用10 mm厚度和11 mm厚度,安装时两两配对安装<br>(3)扣压力不应小于9 kN(小阻力弹条不应小于3 kN) |

2. 有砟轨道轨距调整配置见表2-2-23、表2-2-24及表2-2-25所示。

**表2-2-23　弹条Ⅴ型扣件轨距调整轨距挡板配置表**

| 轨距调整量(mm) | 左股钢轨 | | 右股钢轨 | |
|---|---|---|---|---|
| | 外侧 | 内侧 | 内侧 | 外侧 |
| -8 | 8 | 2 | 2 | 8 |
| -7 | 7 | 3 | 2 | 8 |
| -6 | 7 | 3 | 3 | 7 |
| -5 | 6 | 4 | 3 | 7 |
| -4 | 6 | 4 | 4 | 6 |
| -3 | 5 | 5 | 4 | 6 |

续上表

| 轨距调整量（mm） | 左股钢轨 | | 右股钢轨 | |
|---|---|---|---|---|
| | 外侧 | 内侧 | 内侧 | 外侧 |
| −2 | 5 | 5 | 5 | 5 |
| −1 | 4 | 6 | 5 | 5 |
| 0 | 4 | 6 | 6 | 4 |
| +1 | 3 | 7 | 6 | 4 |
| +2 | 3 | 7 | 7 | 3 |
| +3 | 2 | 8 | 7 | 3 |
| +4 | 2 | 8 | 8 | 2 |

**表 2-2-24　弹条 IV 型扣件轨距调整绝缘轨距块配置表**

| 轨距调整量（mm） | 左股钢轨 | | 右股钢轨 | |
|---|---|---|---|---|
| | 外侧 | 内侧 | 内侧 | 外侧 |
| −8 | 13 | 7 | 7 | 13 |
| −7 | 12 | 8 | 7 | 13 |
| −6 | 12 | 8 | 8 | 12 |
| −5 | 11 | 9 | 8 | 12 |
| −4 | 11 | 9 | 9 | 11 |
| −3 | 10 | 10 | 9 | 11 |
| −2 | 10 | 10 | 10 | 10 |
| −1 | 9 | 11 | 10 | 10 |
| 0 | 9 | 11 | 11 | 9 |
| +1 | 8 | 12 | 11 | 9 |
| +2 | 8 | 12 | 12 | 8 |
| +3 | 7 | 13 | 12 | 8 |
| +4 | 7 | 13 | 13 | 7 |

**表 2-2-25 FC 型扣件轨距调整绝缘轨距块配置表**

| 轨距调整量（mm） | 左股钢轨 | | 右股钢轨 | |
|---|---|---|---|---|
| | 外侧 | 内侧 | 内侧 | 外侧 |
| -8 | 14 | 7 | 7 | 14 |
| -7 | 13 | 8 | 7 | 14 |
| -6 | 13 | 8 | 8 | 13 |
| -5 | 12 | 9 | 8 | 13 |
| -4 | 12 | 9 | 9 | 12 |
| -3 | 11 | 10 | 9 | 12 |
| -2 | 11 | 10 | 10 | 11 |
| -1 | 10 | 11 | 10 | 11 |
| 0 | 10 | 11 | 11 | 10 |
| +1 | 9 | 12 | 11 | 10 |
| +2 | 9 | 12 | 12 | 9 |
| +3 | 8 | 13 | 12 | 9 |
| +4 | 8 | 13 | 13 | 8 |
| +5 | 7 | 14 | 13 | 8 |
| +6 | 7 | 14 | 14 | 7 |
| +7 | 6 | 15 | 14 | 7 |
| +8 | 6 | 15 | 15 | 6 |

## 七、道　　岔

1. 道岔尖轨、心轨、叉跟尖轨、基本轨、翼轨、导轨、护轨、扣件达到表 2-2-26 状态或伤损时，应进行修理或更换。

**表 2-2-26 道岔设备伤损状态**

| 道岔设备 | 出现以下不良状态或伤损，应进行修理或更换 |
|---|---|
| 1. 尖轨、心轨、叉跟尖轨 | (1)尖轨尖端与基本轨或可动心轨尖端与翼轨间隙大于 1 mm，短心轨与叉跟尖轨尖端间隙大于 1.5 mm。(2)尖轨、可动心轨 |

续上表

| 道岔设备 | 出现以下不良状态或伤损,应进行修理或更换 |
|---|---|
| 1. 尖轨、心轨、叉跟尖轨 | 侧弯,造成轨距不符合要求,或尖轨与基本轨、可动心轨与翼轨间隙超过 2 mm。(3)尖轨、可动心轨拱腰,造成与滑床台间隙超过2 mm。(4)尖轨相对于基本轨降低值、心轨相对于翼轨降低值偏差超过 1 mm,且对行车平稳性有影响。(5)尖轨与心轨因扭转或磨耗等原因造成光带异常,且对行车平稳性有影响。(6)尖轨、心轨、叉跟尖轨肥边大于 1 mm。(7)其他伤损达到钢轨轻伤标准 |
| 2. 基本轨、翼轨、导轨、护轨 | (1)弯折点位置或弯折尺寸不符合要求。(2)高锰钢摇篮出现裂纹。(3)其他伤损达到钢轨轻伤标准 |
| 3. 扣件 | (1)岔枕螺栓、T 形螺栓折断或严重锈蚀。(2)调高垫板损坏。(3)弹性铁垫板或弹性基板的橡胶与铁件严重开裂。(4)弹条、弹性夹、拉簧、弹片等损坏或不能保持应有的扣压力。弹性夹离缝、弹片与滑床板挡肩离缝、挡板前后离缝大于 2 mm。(5)轨距块、挡板、缓冲调距块、偏心锥等严重磨损。(6)套管失去固定螺栓的能力。(7)垫板、滑床板、护轨垫板的焊缝开裂。(8)滑床板损坏、变形或滑床台磨耗大于 3 mm。(9)橡胶垫板、弹性铁垫板或弹性基板压溃、变形或作用不良 |

2. 无缝道岔尖轨尖端伸缩位移、可动心轨尖轨伸缩位移应满足表 2-2-27 的要求,超过允许值应分析原因,并及时调整。

**表 2-2-27　尖轨相对于基本轨、可动心轨相对于翼轨允许伸缩位移**

| 道岔类型 | 尖轨允许伸缩位移(mm) | 心轨允许伸缩位移(mm) | 备　注 | |
|---|---|---|---|---|
| | | | 锁闭机构 | 尖轨跟端结构 |
| 客专线系列 | ±40 | ±20 | 多机多点钩型外锁 | 限位器、间隔铁或无传力部件 |
| CZ 系列 | +45 | ±30 | 第一牵引点拐肘外锁 | 无传力部件 |
| CN 系列 | ±40 | ±20 | 多机多点自调式外锁 | 限位器 |

3. 18 号有砟道岔(CZ2602)技术参数:

(1)18 号道岔线型及主要尺寸见图 2-2-1。

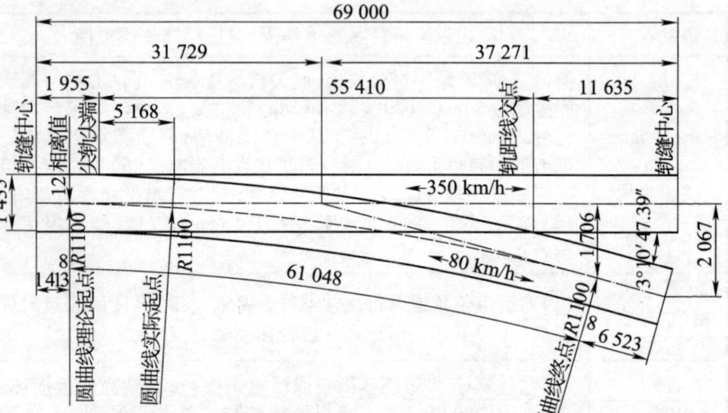


图 2-2-1　18 号道岔线型及主要尺寸(单位:mm)

(2)18 号道岔支距见表 2-2-28。

**表 2-2-28　18 号道岔导曲线及辙叉支距(mm)**

| 距直基本轨跟端距离 $x_i$ | 导曲线支距 $y_i$ | 距直基本轨跟端距离 $x_i$ | 导曲线支距 $y_i$ |
|---|---|---|---|
| 0 | 231.6 | 16000 | 667.8 |
| 2000 | 273.5 | 18000 | 738.7 |
| 4000 | 381.9 | 20000 | 813.2 |
| 6000 | 367.9 | 22000 | 891.4 |
| 8000 | 420.6 | 24000 | 973.2 |
| 10000 | 477.0 | 26000 | 1058.7 |
| 12000 | 536.9 | 28000 | 1147.8 |
| 14000 | 600.6 | 30000 | 1240.5 |

(3)尖轨、心轨降低值:

①时速 250 km18 号道岔尖轨降低值见表 2-2-29。

**表 2-2-29　时速 250 km18 号道岔尖轨降低值(mm)**

| 尖轨类型 | 检测位置 | 降低值 | 轨头宽度 | 尖轨类型 | 检测位置 | 降低值 | 轨头宽度 |
|---|---|---|---|---|---|---|---|
| 直线尖轨 | 尖轨尖端 | 23 | 0 | 曲线尖轨 | 尖轨尖端 | 23 | 0 |
| | 距尖端 960 mm | 14 | 5 | | 距尖端 964 mm | 14 | 5 |
| | 距尖端 3 852 mm | 4 | 20 | | 距尖端 3 855 mm | 4 | 20 |
| | 距尖端 8 598 mm | 0 | 50 | | 距尖端 8 604 mm | 0 | 50 |

②时速 250 km18 号道岔心轨降低值见表 2-2-30。

**表 2-2-30　时速 250 km18 号道岔心轨降低值**

| 检测位置 | 降低值(mm) | 轨头宽度(mm) |
|---|---|---|
| 心轨尖端 | 23 | 0 |
| 距心端 559 mm | 5 | 20 |
| 距心端 1 454 mm | 0 | 50 |
| 距心端 2 315 mm | 0 | 45 |

③尖轨尖端至心轨实际尖端的距离见表 2-2-31。

**表 2-2-31　尖轨尖端至心轨实际尖端的距离**

| 道岔型号 | 尖轨尖端至心轨实际尖端的距离(mm) |
|---|---|
| 时速 250 km18 号道岔 | 53 070 |

(4)配轨:

为便于现场组装和铺设,道岔配轨时按轨缝为 8 mm 计算钢轨件长度,18 号配轨长度如图 2-2-2、图 2-2-3 所示。

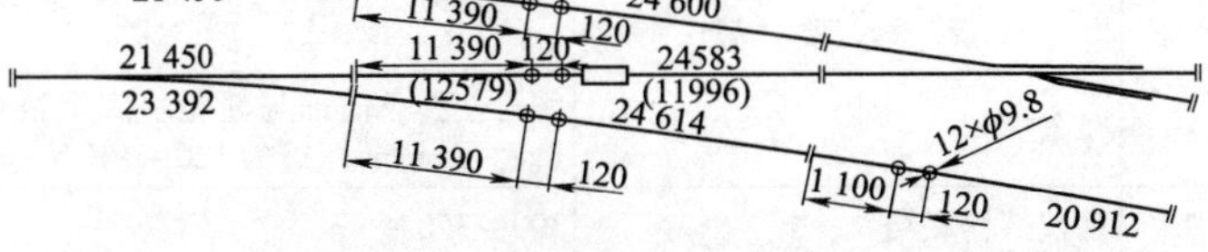


图 2-2-2　绝缘接头设在直股时 18 号道岔配轨图(单位:mm)

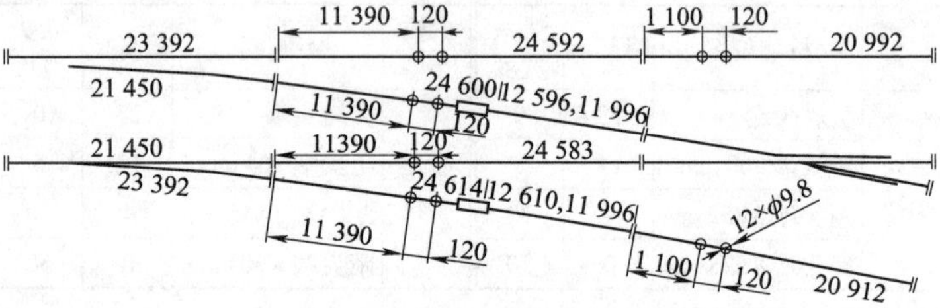


图 2-2-3　绝缘接头设在曲股时 18 号道岔配轨图(单位:mm)

(5)辙叉部位转换设备主要技术参数见表 2-2-32。

**表 2-2-32　时速 250 km18 号道岔转换设备主要参数**

| | | |
|---|---|---|
| 250 − 18 | 尖轨牵引点数 | 3 |
| | 尖轨密检器数 | 2 |
| | 心轨牵引点数 | 2 |
| 位置 | 尖轨开口(mm) | 转辙机动程(mm) |
| 尖轨一动 | 160 | 220 |
| 尖轨二动 | 118 | 220(170) * |
| 尖轨三动 | 71 | 150(150) * |
| 心轨一动 | 115 | 220 |
| 心轨二动 | 57 | 150(150) * |

* 注:如果使用电液转辙机主辅机方式,则尖轨二动、尖轨三动、心轨二动采用转换锁闭器,动程为 170 mm、150 mm、150 mm。

(6)道岔各部螺栓扭矩见表 2-2-33。

**表 2-2-33　道岔各部螺栓扭矩**

| 序号 | 螺　栓　类　型 | 扭　矩　要　求 |
|---|---|---|
| 1 | 弹条螺栓 | 螺母使弹条前部与轨距块宏观接触,缝隙≤1 mm,扭矩为 120 ~ 150 N · m |
| 2 | 岔枕螺栓联结 | 300 ~ 350 N · m |
| 3 | 限位器螺栓联结 | 1 100 N · m |

续上表

| 序号 | 螺 栓 类 型 | 扭 矩 要 求 |
|---|---|---|
| 4 | 尖轨跟端间隔铁螺栓 | 1 100 N · m |
| 5 | 翼轨间间隔铁螺栓联结 | 1 100 N · m |
| 6 | 长短心轨联结螺栓 | 600 N · m |
| 7 | 其他4.8、5.6级螺栓联结(如顶铁螺栓、护轨螺栓、轨撑水平螺栓) | 以弹性垫圈平齐控制,不宜采用过大扭矩,但不小于150 N · m |

(7)轨距、支距调整。

①扣件系统具有 -8 ~ +4 mm 轨距调整量,通过调整轨距块可实现 -2 ~ +4 mm 的轨距调整,附以缓冲调距块的掉边可实现 -8 ~ +4 mm 的轨距调整,调整无需备件,表2-2-34为轨距调整的具体配置。

**表 2-2-34　轨距配置表**

| 单股钢轨位置 | 钢 轨 内 侧 | | | 钢 轨 外 侧 | | |
|---|---|---|---|---|---|---|
| | 缓冲调距块 | | 轨距块 | 轨距块 | 缓冲调距块 | |
| | 外侧 | 内侧 | | | 内侧 | 外侧 |
| 0 | 6 | 9 | 10 | 11 | 6 | 9 |
| 1 | 6 | 9 | 11 | 10 | 6 | 9 |
| 2 | 6 | 9 | 12 | 9 | 6 | 9 |
| -1 | 6 | 9 | 9 | 12 | 6 | 9 |
| -2 | 9 | 6 | 11 | 10 | 9 | 6 |
| -3 | 9 | 6 | 10 | 11 | 9 | 6 |
| -4 | 9 | 6 | 9 | 12 | 9 | 6 |

②对滑床板和护轨垫板,由于钢轨一侧为滑床台,不能通过钢轨另一侧与铁垫板挡肩间的轨距块进行钢轨左右位置的调整,只能通过移动滑床板和护轨垫板来进行轨距调整。具体调整可通过更换不同号码的缓冲调距块实现。表2-2-35为滑床板和护轨垫板处轨距调整具体配置。

表 2-2-35　滑床板和护轨垫板处轨距配置表

| 单股钢轨位置 | 钢轨内侧 | | 钢轨外侧 | |
|---|---|---|---|---|
| | 缓冲调距块 | | 缓冲调距块 | |
| | 外侧 | 内侧 | 内侧 | 外侧 |
| 0 | 6 | 9 | 6 | 9 |
| 1 | 5 | 10 | 5 | 10 |
| 2 | 4 | 11 | 4 | 11 |
| –1 | 7 | 8 | 7 | 8 |
| –2 | 8 | 7 | 8 | 7 |
| –3 | 9 | 6 | 9 | 6 |
| –4 | 10 | 5 | 10 | 5 |

(8)每组道岔岔枕数量见表2-2-36。

表 2-2-36　岔枕数量表

| 序号 | 岔枕长(m) | 单位 | 数量 | 备注 | 序号 | 岔枕长(m) | 单位 | 数量 | 备注 |
|---|---|---|---|---|---|---|---|---|---|
| 1 | 2.6 | 根 | 3 | | 13 | 3.9 | 根 | 4 | |
| 2 | 2.88 | 根 | 2 | | 14 | 4.2 | 根 | 5 | |
| 3 | 2.91 | 根 | 2 | | 15 | 4.05 | 根 | 4 | |
| 4 | 2.7 | 根 | 18 | | 16 | 4.38 | 根 | 2 | |
| 5 | 2.95 | 根 | 2 | | 17 | 4.35 | 根 | 4 | |
| 6 | 2.85 | 根 | 11 | | 18 | 4.5 | 根 | 8 | |
| 7 | 3 | 根 | 12 | | 19 | 4.65 | 根 | 5 | |
| 8 | 3.15 | 根 | 8 | | 20 | 4.72 | 根 | 3 | |
| 9 | 3.3 | 根 | 9 | | 21 | 2.43 | 根 | 3 | |
| 10 | 3.45 | 根 | 7 | | 22 | 2.5 | 根 | 5 | |
| 11 | 3.6 | 根 | 6 | | 23 | 2.3 | 根 | 10 | |
| 12 | 3.75 | 根 | 7 | | | | | | |
| 岔枕总长度 | | 463.29 m | | | 套管总数量 | | 769 个 | | |

## 八、无缝线路

1. 无缝线路相邻单元轨节之间锁定轨温之差不应大于5℃，同一区间内单元轨节最高与最低锁定轨温之差不应大于10℃；左右股钢轨锁定轨温之差不应大于3℃。

2. 钢轨焊接接头平直度应符合表2-2-37的要求。

**表2-2-37 钢轨焊接接头平直度标准**

| 部 位 | 平直度要求 | | 说 明 |
|---|---|---|---|
| | 200 km/h | 200（不含）~300 km/h | |
| 轨顶面（mm/1 m） | +0.3<br>0 | +0.2<br>0 | “+”表示凸出 |
| 轨头内侧工作面（mm/1 m） | +0.3<br>-0.3 | +0.3<br>0 | “+”表示凹进 |
| 轨底面（mm） | +0.5<br>0 | +0.5<br>0 | “+”表示焊筋凸出 |

注：平直度以焊缝为中心进行测量。

3. 钢轨接头位置应符合表2-2-38的要求。

**表2-2-38 钢轨接头位置**

| 接头名称 | 位置要求 |
|---|---|
| 焊接接头 | (1)左右股单元轨节锁定焊接头相错量不宜超过100 mm。(2)由道岔前端和辙叉跟端接头焊缝确定的道岔全长偏差不得超过±20 mm。(3)铝热焊焊缝距枕边不得小于100 mm。(4)单元轨节起止点不应设置在不同轨道结构过渡段或不同线下基础过渡段范围 |
| 联合接头 | 不得设置在桥墩上和钢桁梁伸缩纵梁上，并要求距桥台边墙或桥墩不小于2 m |
| 绝缘接头 | (1)左右两股钢轨绝缘接头应相对铺设，且绝缘接头轨缝绝缘端板距钢轨枕边不宜小于100 mm。(2)胶接绝缘接头宜采用现场胶接，胶接绝缘接头与焊接接头间距不应小于20 m，道岔间困难条件下不应小于12 m |

4. 无缝线路作业轨温条件见表 2-2-39 和表 2-2-40。

**表 2-2-39　无缝线路作业轨温条件**

| 线路平面 | 作业轨温范围（按实际锁定轨温计算） | | |
|---|---|---|---|
| | 连续扒开道床不超过 25 m，起道高度不超过 30 mm，拨道量不超过 10 mm | 连续扒开道床不超过 50 m，起道高度不超过 40 mm，拨道量不超过 20 mm | 扒道床、起道、拨道与普通线路相同 |
| 直线及 $R \geqslant 2\,000$ m 曲线 | +20℃实际锁定轨温以下不限制 | +15℃<br>−20℃ | ±10℃ |
| $800\ \text{m} \leqslant R < 2\,000$ m 曲线 | +15℃<br>−20℃ | +10℃<br>−15℃ | ±5℃ |

注：①当轨温在实际锁定轨温减 30℃以下时，伸缩区禁止作业；

②无缝道岔尖轨及其前方 25 m 范围内，作业轨温范围应为实际锁定轨温±10℃。

**表 2-2-40　无缝线路作业轨温条件**

| 序号 | 作业项目 | 按实际锁定轨温计算 | | | | |
|---|---|---|---|---|---|---|
| | | −20℃以下 | −20℃～−10℃ | ±10℃以内 | +10℃～+20℃ | +20℃以上 |
| 1 | 改　道 | 与普通线路同 | 与普通线路同 | 与普通线路同 | 与普通线路同 | 禁止 |
| 2 | 更换扣件或涂油 | 隔二松一，流水作业 | 同左 | 同左 | 同左 | 禁止 |
| 3 | 方正轨枕 | 当日连续方动不超过 2 根 | 隔二方一，方后捣固，恢复道床逐根进行（配合起道除外） | 与普通线路同 | 隔二方一，方后捣固，恢复道床逐根进行（配合起道除外） | 禁止 |
| 4 | 更换轨枕 | 当日不连续更换 | 当日连续更换不超过 2 根（配合起道除外） | 与普通线路同 | 当日连续更换不超过 2 根（配合起道除外） | 禁止 |
| 5 | 更换钢轨 | 禁止 | 禁止 | 与普通线路同 | 禁止 | 禁止 |

续上表

| 序号 | 作业项目 | 按实际锁定轨温计算 | | | | |
|---|---|---|---|---|---|---|
| | | －20℃以下 | －20℃～－10℃ | ±10℃以内 | ＋10℃～＋20℃ | ＋20℃以上 |
| 6 | 更换道岔联结件 | 禁止 | 禁止 | 与普通线路同 | 禁止 | 禁止 |
| 7 | 不破底清筛道床 | 逐孔倒筛夯实 | 同左 | 同左 | 同左 | 禁止 |
| 8 | 处理翻浆冒泥(不超过5孔) | 与普通线路同 | 同左 | 同左 | 禁止 | 禁止 |

5. 无缝线路设计锁定轨温按下式计算：

$$T_s = \frac{T_{max} + T_{min}}{2} + \frac{[\Delta T_d] - [\Delta T_u]}{2} \pm \Delta T_k$$

式中 $T_e$——设计锁定轨温；

$[\Delta T_d]$——允许温降；

$[\Delta T_u]$——允许温升；

$\Delta T_k$——设计锁定轨温修正值，一般为0℃～5℃；

$T_{max}$——最高轨温，取历年最高气温加20℃；

$T_{min}$——最低轨温，取历年最低气温。

## 九、大型养路机械起拨道、捣固、稳定作业

1. 大型养路机械无缝线路地段的作业轨温条件见表2-2-41。

**表2-2-41 大型养路机械无缝线路地段的作业轨温条件**

| 作业项目 | 作业量 | 作业轨温 |
|---|---|---|
| 一次起道量 | <30 mm | 不得超过实际锁定轨温±20℃ |
| | 31～50 mm | 不得超过实际锁定轨温－20℃～＋15℃ |
| 一次拨道量 | <10 mm | 不得超过实际锁定轨温±20℃ |
| | 11～20 mm | 不得超过实际锁定轨温－20℃～＋15℃ |

2. 捣固车一次起道量不宜超过 50 mm，起道量超过 50 mm时应分两次起道捣固；一次拨道量不宜超过 80 mm。每次作业应进行道床动力稳定。

## 第三节　线路静态检查

### 一、扣件系统静态检查内容和周期

扣件系统静态检查内容和周期见表 2-3-1。

**表 2-3-1　扣件系统静态检查内容与周期**

| 序号 | 检查内容 | 检查周期 |
|---|---|---|
| 1 | 扣件安装状态、部件缺损、预埋件等 | 每半年检查 1 遍 |
| 2 | 有螺栓弹条紧固状态（弹条 V 型扣件） | 每半年检查 1 遍，每公里连续抽查 50 个 |
| 3 | 钢轨、绝缘轨距块、轨距挡板间隙 | 每半年检查 1 遍，每公里连续抽查 50 个 |
| 4 | 无螺栓弹条扣压力（弹条 IV 型、FC 型扣件） | 每半年检查 1 遍，每公里连续抽查 50 个 |

### 二、道岔静态检查内容和周期（表 2-3-2）

**表 2-3-2　道岔静态检查内容与周期**

<table>
<tr><th>序号</th><th>检　查　内　容</th><th>检查方式</th><th>检查周期</th></tr>
<tr><td>1</td><td>轨距、水平、支距、高低、轨向</td><td>全面检测</td><td rowspan="6">每月检查 1 遍</td></tr>
<tr><td>2</td><td>斥离尖轨非工作边与基本轨工作边最小间距</td><td rowspan="5">全面查看，重点检测</td></tr>
<tr><td>3</td><td>查照间隔</td></tr>
<tr><td>4</td><td>护轨轮缘槽宽度</td></tr>
<tr><td>5</td><td>尖轨与基本轨、心轨与翼轨、短心轨和叉跟尖轨间隙、尖轨与滑床台、心轨与滑床台间隙，尖轨与顶铁、心轨与顶铁间隙</td></tr>
<tr><td>6</td><td>辊轮状态</td></tr>
</table>

续上表

| 序号 | 检 查 内 容 | 检查方式 | 检查周期 |
|---|---|---|---|
| 7 | 滑床台与基板脱焊及台面磨耗情况 | 全面查看，重点检测 | 每月检查1遍 |
| 8 | 扣件状态 | | |
| 9 | 弹性夹、拉簧状态 | | |
| 10 | 弹性铁垫板、弹性基板等各种垫板状态 | | |
| 11 | 限位器、间隔铁、顶铁、轨撑、接头铁、连杆等联结螺栓松动、变形或损坏情况 | | |
| 12 | 尖轨防跳限位装置与斥离尖轨（标准开口）间隙，尖轨防跳顶铁与密贴尖轨间隙，心轨防跳顶铁、卡铁、间隔铁与心轨间隙 | | |
| 13 | 尖轨相对于基本轨、心轨相对于翼轨的伸缩位移；两尖轨相对伸缩位移 | | |
| 14 | 轮轨接触面（光带）检查，重点检查尖轨与基本轨共同受力部位接触面（位置、塑性变形、磨耗等） | | |
| 15 | 其他零件损坏、变形或缺失情况 | | |
| 16 | 尖轨各控制断面相对于基本轨高差 | 全面检测 | 每季度检查1遍 |
| 17 | 心轨各控制断面相对于翼轨高差 | | |

## 三、调节器静态检查内容和周期（表2-3-3）

**表2-3-3 调节器静态检查内容与周期**

| 序号 | 检 查 内 容 | 检查方式 | 检查周期 |
|---|---|---|---|
| 1 | 轨距、水平、高低、轨向 | 全面检测 | 每月检查1遍 |
| 2 | 尖轨与基本轨、扣件、轨撑间隙 | 全面查看，重点检测 | |
| 3 | 扣件、垫板、轨撑状态 | | |
| 4 | 其他零件损坏、变形或缺失情况 | | |
| 5 | 尖轨控制断面相对于基本轨高差 | 全面检测 | 每季度检查1遍 |

## 四、钢轨及焊缝检查内容和周期（表 2-3-4）

**表 2-3-4　钢轨及焊缝检查内容和周期**

| 序号 | 检查内容 | 检查方式 | 检查周期 | |
|---|---|---|---|---|
| | | | 单位 | 遍数 |
| 1 | 正线钢轨 | 探伤车 | 每年 | 7 遍 |
| | | 钢轨探伤仪 | 每年 | 1 遍 |
| 2 | 到发线钢轨 | 钢轨探伤仪 | 每年 | 4 遍 |
| 3 | 其他站线钢轨 | | 每年 | 1 遍 |
| 4 | 正线道岔 | | 每月 | 1 遍 |
| 5 | 调节器的钢轨 | | 每月 | 1 遍 |
| 6 | 到发线道岔 | | 每年 | 4 遍 |
| 7 | 其他站线道岔 | | 每年 | 1 遍 |
| 8 | 厂焊焊缝 | 焊缝探伤仪 | 5 年 | 1 遍 |
| 9 | 现场闪光焊焊缝 | | 每年 | 1 遍 |
| 10 | 铝热焊焊缝 | | 半年 | 1 遍 |

## 五、线路上伤损钢轨标记（表 2-3-5）

**表 2-3-5　伤损钢轨标记**

| 伤损种类 | 伤损范围及标记 | | 说　明 |
|---|---|---|---|
| | 连续伤损 | 一点伤损 | |
| 轻　伤 | \|←△→\| | ↑△ | 用白铅油做标记 |
| 轻伤有发展 | \|←△△→\| | ↑△△ | 用白铅油做标记 |
| 重　伤 | \|←△△△→\| | ↑△△△ | 用白铅油做标记 |

# 第四节　线路质量评定

## 一、线路设备状态评定

线路设备状态评定应以千米为单位，满分为100分，100～85分为优良，85（不含）～60分为合格，60分（不含）以下为失格，评定标准见表2-4-1。

表2-4-1　线路设备状态评定评分标准

| 编号 | 项目 | 扣分条件 | 计算单位 | 扣分（分） | 说明 |
|---|---|---|---|---|---|
| 1 | 慢行 | 线路设备不良（不含路基、道床） | 处 | 41 | |
| 2 | 道床 | 翻浆冒泥 | 每延长10 m | 4 | 道床不洁率指通过边长25 mm（特级道砟地段为22.4 mm）筛孔的颗粒的质量比 |
| | | 道床不洁率大于25%（在枕盒底边向下100 mm处取样） | 每延长100 m | 8 | |
| 3 | 轨枕 | 混凝土枕失效率超过4% | 每增1% | 8 | |
| 4 | 钢轨 | 一年内新生轻伤钢轨（不含曲线磨耗） | 根 | 2 | 长轨中2个焊缝间为1根 |
| | | 现存曲线磨耗轻伤钢轨 | 每延长100 m | 4 | 按单股计算 |
| | | 一年内新生重伤钢轨（不含焊缝） | 根 | 20 | 长轨中2个焊缝间为1根 |
| | | 无缝线路现存重伤钢轨（不含焊缝） | 根 | 20 | 同上 |
| | | 无缝线路现存重伤焊缝 | 个 | 20 | |

## 二、线路设备保养质量评定

线路保养质量评定应以千米为单位(评定标准见表2-4-2),满分为100分,100~85分为优良,85(不含)~60分为合格,60分(不含)以下为失格。

表2-4-2　线路保养质量评定标准

| 项　目 | 编号 | 扣分条件 | 抽查数量 | 单位 | 扣分(分) | 说　明 |
|---|---|---|---|---|---|---|
| 轨道几何尺寸 | 1 | 超过经常保养标准容许偏差 | 轨距、水平、扭曲连续检测100 m;轨向、高低全面查看,重点检测;曲线正矢全面检测 | 处 | 4 | 选择质量较差地段,有曲线时检测一个曲线的正矢 |
| | 2 | 超过临时补修标准容许偏差 | | 处 | 41 | |
| | 3 | 轨距变化率大于1/1 000 | | 处 | 2 | |
| 钢　轨 | 4 | 钢轨肥边大于1 mm | 全面查看,重点检测 | 处 | 4 | |
| | 5 | 胶接绝缘接头质量不符合要求或轨端肥边大于2 mm | 全面检测 | 处 | 4 | |
| | 6 | 钢轨折断未及时进行永久处理 | 全面查看 | 处 | 41 | "未及时"指轨温具备焊接条件未进行永久处理 |
| 轨　枕 | 7 | 失效 | 全面查看,重点检测 | 根 | 41 | |
| | 8 | 每处调高垫板超过2块或总厚度超过10 mm | 连续查看,检测100个 | 个 | 1 | |
| 联结零件 | 9 | 零部件缺少、失效 | 连续查看100头 | 个 | 1 | 一组扣件的零件不全,按缺少一个扣件计算 |

续上表

| 项目 | 编号 | 扣分条件 | 抽查数量 | 单位 | 扣分(分) | 说明 |
|---|---|---|---|---|---|---|
| 联结零件 | 10 | 弹条中肢前端下颚离缝大于0.5 mm或扣件扭矩(扣压力)不符合规定者,超过12% | 连续查看100头 | 每增1% | 1 | |
| | 11 | 绝缘轨距块(轨距挡板)前、后离缝大于1 mm者,超过12% | 连续检测50个 | 每增2% | 1 | |
| | 12 | 橡胶垫板缺少/窜出或失效 | 连续查看100头 | 块 | 2/1 | |
| | 13 | 预埋套管失效 | 全面查看 | 个 | 2 | |
| 纵向位移 | 14 | 爬行量超过10 mm | 全面检测 | km | 16 | 爬行量超过20 mm扣41分 |
| | 15 | 观测桩缺损、失效或位移观测无记录 | 全面检测 | 处 | 8 | |
| 道床 | 16 | 翻浆冒泥 | 全面查看 | 孔 | 16 | |
| | 17 | 肩宽不足,不饱满,有杂草 | 全面查看 | 每10m | 1 | |
| 排水设施 | 18 | 未疏通 | 全面查看 | 每10m | 1 | 单侧计算 |
| 标志标识 | 19 | 缺损、歪斜、字迹不清 | 全面查看 | 个 | 1 | |
| | 20 | 各种标识不齐全,位置不对,不清晰或错误 | 全面查看 | 处 | 1 | |

## 三、道岔保养质量评定

道岔保养质量评定应以组为单位，评定标准见表 2-4-3，满分为 100 分，100 ~ 85 分为优良，85（不含）~ 60 分为合格，60 分以下为失格。

**表 2-4-3　道岔保养质量评定标准**

| 项目 | 编号 | 扣分条件 | | 抽查数量 | 单位 | 扣分(分) | 说　明 |
|---|---|---|---|---|---|---|---|
| 轨道几何尺寸 | 1 | 轨距、水平、轨向、高低、支距、扭曲、轨距变化率超过经常保养容许偏差管理值 | | 轨距、水平、支距全面检测，轨向、高低、扭曲全面查看，重点检测 | 处 | 4 | 同时检测两线间距小于 5.2 m 的连接曲线轨向，用 10 m 弦测量，连续正矢差超过 2 mm，每处扣 4 分 |
| | 2 | 轨距、水平、轨向、高低、支距、扭曲超过临时补修容许偏差管理值 | | | 处 | 41 | |
| | 3 | 查照间隔小于 1 391 mm | | 全面检测 | 组 | 41 | |
| | 4 | 转辙器最小轮缘槽小于 63 mm | | 全面检测 | 组 | 41 | |
| 密贴 | 5 | 尖轨尖端与基本轨、可动心轨尖端与翼轨密贴 | 0.5 mm < 间隙 ≤ 1 mm | 全面检测 | 处 | 2 | |
| | 6 | | 间隙 > 1 mm | | 处 | 41 | |
| | 7 | 尖轨与基本轨、可动心轨与翼轨其他密贴段密贴 | 1.0 mm < 间隙 ≤ 1.5 mm | 全面检测 | 头 | 2 | |
| | 8 | | 1.5 mm < 间隙 ≤ 2.0 mm | 全面检测 | 头 | 8 | |
| | 9 | | 间隙 > 2.0 mm | 全面检测 | 头 | 16 | |
| | 10 | 短心轨与叉跟尖轨尖端密贴 | 1.0 mm < 间隙 ≤ 1.5 mm | 全面检测 | 处 | 16 | |

续上表

| 项目 | 编号 | 扣分条件 | | 抽查数量 | 单位 | 扣分(分) | 说　　明 |
|---|---|---|---|---|---|---|---|
| 密贴 | 11 | 短心轨与叉跟尖轨尖端密贴 | 间隙 > 1.5 mm | 全面检测 | 处 | 41 | |
| | 12 | 尖轨、可动心轨与顶铁密贴 | 1.5 mm < 间隙 ≤ 2.0 mm | 全面检测 | 处 | 2 | |
| | 13 | | 2.0 mm < 间隙 ≤ 2.5 mm | 全面检测 | 处 | 4 | |
| | 14 | | 间隙 > 2.5 mm | 全面检测 | 处 | 16 | |
| | 15 | 尖轨、可动心轨与滑床台密贴 | 1.5 mm < 间隙 ≤ 2.0 mm | 全面检测 | 处 | 2 | |
| | 16 | | 2.0 mm < 间隙 ≤ 2.5 mm | 全面检测 | 处 | 4 | |
| | 17 | | 间隙 > 2.5 mm | 全面检测 | 处 | 16 | |
| 钢轨 | 18 | 轨　件 | 存在表 2-2-26 中 1(4)病害 | 全面检测、查看 | 处 | 41 | |
| | 19 | | 存在表 2-2-26 中 1(5)、(6)和表 2-2-26 中 2(1)、(3)病害之一 | 全面检测、查看 | 处 | 16 | |
| | 20 | 钢轨折断未及时进行永久处理 | | 全面查看 | 处 | 41 | “未及时”指轨温具备焊接条件未进行永久处理 |
| | 21 | 焊缝不符合表 2-2-37 要求 | | 全面检测 | 处 | 8 | |
| | 22 | 钢轨肥边大于1 mm；绝缘接头轨端肥边大于 2 mm | | 全面检测 | 处 | 8 | |
| | 23 | 胶接绝缘接头的质量不符合《铁路钢轨胶接绝缘接头技术条件》(TB/T 2975)的要求 | | 全面检测 | 处 | 8 | |

续上表

| 项目 | 编号 | 扣分条件 | | 抽查数量 | 单位 | 扣分(分) | 说　明 |
|---|---|---|---|---|---|---|---|
| 纵向位移 | 24 | 位移超过 10 mm | | 全面检测 | 组 | 16 | |
| | 25 | 道岔两尖轨尖端相错量大于 20 mm | | 全面检测 | 组 | 41 | |
| | 26 | 尖轨、可动心轨允许伸缩位移不符合表 2-2-17 的要求 | | 全面检测 | 组 | 41 | |
| | 27 | 位移观测桩缺少或位移观测无记录 | | 全面检测 | 个 | 8 | |
| 联结零件 | 28 | 轨撑离缝大于 2 mm 或损坏、松动 | | 全面查看、检测 | 个 | 1 | |
| | 29 | 螺　栓 | 长、短心轨联结螺栓缺少/松动或扭矩不符合规定 | 全面查看、检测 | 个 | 41/16 | |
| | 30 | | 限位器、顶铁、间隔铁及护轨螺栓缺少/松动或扭矩不符合规定 | 全面查看、检测 | 个 | 41/4 | |
| | 31 | | 接头铁螺栓缺少、松动 | 全面查看、检测 | 个 | 41 | |
| | 32 | | 其他各种螺栓缺少/扭矩不符合规定 | 全面查看，重点检测 | 个 | 8/2 | |
| | 33 | 辊　轮 | 辊轮缺少或失效 | 全面查看 | 处 | 16 | |
| | 34 | | 辊轮位置不符合要求 | 全面查看、检测 | 处 | 4 | |
| | 35 | 扣　件 | 铁垫板缺少或折断 | 全面查看 | 块 | 41 | |
| | 36 | | 橡胶垫板缺少/窜出或失效 | 全面查看 | 块 | 8/4 | |

续上表

| 项目 | 编号 | 扣分条件 | | 抽查数量 | 单位 | 扣分(分) | 说　明 |
|---|---|---|---|---|---|---|---|
| 联结零件 | 37 | 扣　件 | 扣件失效、缺少/连续失效、缺少 | 全面查看 | 处 | 4/41 | |
| | 38 | | 预埋套管失效 | 全面查看 | 个 | 2 | |
| | 39 | | 弹条中肢前端间隙,岔枕螺栓扭矩不符合规定 | 连续检测 50 个 | 个 | 1 | |
| 岔枕 | 40 | 失　效 | 岔枕失效 | 全面查看 | 根 | 41 | 枕上或枕下离缝大于 2 mm 者为吊板 |
| | 41 | 吊板率 | 大于 5% | 连续检测 50 头 | 每增 1% | 1 | |
| 道床 | 42 | 外形外观 | 肩宽不足,不饱满,有杂物 | 全面查看、检测 | 孔 | 2 | |
| | 43 | 清洁度 | 翻浆冒泥/严重不洁、影响排水 | 全面查看 | 孔 | 16/2 | |
| 标志标识 | 44 | 警冲标 | 损坏或不清晰 | 全面查看 | 组 | 8 | 缺少或位置不对,扣 41 分 |
| | 45 | 标识 | 缺少、错误、位置不对,字迹不清 | 全面查看 | 处 | 1 | |

## 四、调节器质量评定

调节器质量评定应以组为单位(评定标准见表 2-4-4),满分为 100 分,100 ~ 85 分为优良,85(不含)~60 分为合格,60 分以下为失格。

**表 2-4-4　调节器保养质量评定标准**

| 项目 | 编号 | 扣分条件 | | 抽查数量 | 单位 | 扣分(分) | 说明 |
|---|---|---|---|---|---|---|---|
| 轨道几何尺寸 | 1 | 轨距、水平、轨向、高低、扭曲、轨距变化率超过经常保养容许偏差管理值 | | 轨距、水平全面检测，轨向、高低、扭曲全面查看，重点检测 | 组 | 4 | |
| | 2 | 轨距、水平、轨向、高低、扭曲、轨距变化率超过临时补修容许偏差管理值 | | | 组 | 41 | |
| 伸缩 | 3 | 基本轨伸缩量超过设计伸缩量 | | 重点检测 | 处 | 41 | |
| | 4 | 焊缝边缘至扣件或轨撑铁垫板距离 | 5 mm < 间距 ≤ 20 mm | 重点检测 | 处 | 4 | |
| | 5 | | 间距 ≤ 5 mm | 重点检测 | 处 | 41 | |
| | 6 | 尖轨伸缩量 | 0 mm < 伸缩量 ≤ 10 mm | 全面检测 | 处 | 4 | |
| | 7 | | 10 mm < 伸缩量 ≤ 30 mm | 全面检测 | 处 | 16 | |
| | 8 | | 伸缩量 > 30 mm | 全面检测 | 处 | 41 | |
| | 9 | 位移观测桩缺少或位移观测无记录 | | 全面检测 | 个 | 4 | |
| 密贴 | 10 | 尖轨尖端至 5 mm 断面与基本轨密贴段密贴 | 0.5 mm < 间隙 ≤ 1.0 mm | 全面检测 | 处 | 4 | |
| | 11 | | 间隙 > 1.0 mm | 全面检测 | 处 | 41 | |
| | 12 | 尖轨其余密贴段与基本轨密贴 | 0.5 mm < 间隙 ≤ 1.0 mm | 全面检测 | 处 | 4 | |
| | 13 | | 间隙 > 1.0 mm | 全面检测 | 处 | 16 | |
| | 14 | 尖轨轨撑与轨腰密贴 | 0.2 mm < 间隙 ≤ 0.5 mm | 全面检测 | 个 | 4 | |

续上表

| 项目 | 编号 | 扣分条件 | | 抽查数量 | 单位 | 扣分(分) | 说明 |
|---|---|---|---|---|---|---|---|
| 密贴 | 15 | 尖轨轨撑与轨腰密贴 | 间隙 > 0.5 mm | 全面检测 | 个 | 8 | |
| | 16 | 尖轨轨撑与轨底上表面密贴 | 0.5 mm < 间隙 ≤ 1.0 mm | 全面检测 | 个 | 4 | |
| | 17 | | 间隙 > 1.0 mm | 全面检测 | 个 | 8 | |
| | 18 | 尖轨轨底与台板密贴 | 0.2 mm < 间隙 ≤ 0.5 mm | 全面检测 | 块 | 2 | |
| | 19 | | 0.5 mm < 间隙 ≤ 1.5 mm | 全面检测 | 块 | 4 | |
| | 20 | | 间隙 > 1.5 mm | 全面检测 | 块 | 8 | |
| | 21 | 基本轨轨撑与轨腰密贴 | 0.2 mm < 间隙 ≤ 0.5 mm | 全面检测 | 个 | 2 | |
| | 22 | | 0.5 mm < 间隙 ≤ 2.0 mm | 全面检测 | 个 | 4 | |
| | 23 | | 间隙 > 2.0 mm | 全面检测 | 个 | 8 | |
| | 24 | 基本轨轨底与铁垫板密贴 | 0.5 mm < 间隙 ≤ 1.0 mm | 全面检测 | 块 | 2 | |
| | 25 | | 1.0 mm < 间隙 ≤ 2.0 mm | 全面检测 | 块 | 4 | |
| | 26 | | 间隙 > 2.0 mm | 全面检测 | 块 | 8 | |
| 钢轨 | 27 | 尖轨相对于基本轨降低值偏差超过 1 mm，且对行车平稳性有影响 | | 全面检测、查看 | 处 | 16 | |
| | 28 | 尖轨、基本轨轻伤 | | 全面检测、查看 | 处 | 16 | |
| | 29 | 钢轨肥边 > 1 mm | | 全面检测 | 处 | 4 | |

续上表

| 项目 | 编号 | 扣分条件 | | 抽查数量 | 单位 | 扣分(分) | 说明 |
|---|---|---|---|---|---|---|---|
| 钢轨 | 30 | 钢轨折断未及时进行永久处理 | | 全面查看 | 处 | 41 | “未及时”指轨温具备焊接条件未进行永久处理 |
| | 31 | 焊缝不符合表2-2-37要求 | | 全面检测 | 处 | 8 | |
| 联结零件 | 32 | 轨撑及铁垫板螺栓 | 缺少 | 全面查看 | 个 | 16 | |
| | 33 | | 松动 | 全面查看，重点检测 | 个 | 4 | |
| | 34 | | 扭矩不符合规定 | 全面检测 | 个 | 2 | |
| | 35 | 扣件 | 铁垫板缺少或折断 | 全面查看 | 块 | 41 | |
| | 36 | | 橡胶垫板缺少/窜出或失效 | 全面查看 | 块 | 8/4 | |
| | 37 | | 扣件(含轨撑)失效、缺少/连续失效、缺少 | 全面查看 | 个 | 8/41 | |
| | 38 | | 预埋套管失效 | 全面查看 | 个 | 8 | |
| | 39 | | 弹条中肢前端间隙不符合规定 | 全面查看，重点检测 | 个 | 2 | |
| 护轨 | 40 | 联结零件缺少或扭矩不符合规定 | | 全面查看 | 个 | 2 | |
| | 41 | 护轨与尖轨(基本轨)间净距偏差超过10 mm | | 全面查看，重点检测 | 处 | 2 | |

续上表

| 项目 | 编号 | 扣分条件 | 抽查数量 | 单位 | 扣分(分) | 说明 |
|---|---|---|---|---|---|---|
| 护轨 | 42 | 护轨高于尖轨(基本轨)5 mm 或低于尖轨(基本轨)25 mm | 全面查看,重点检测 | 处 | 4 | |
| 轨枕 | 43 | 位置或间距偏差大于 40 mm | 全面查看,重点检测 | 处 | 2 | |
| | 44 | 失效 | 全面查看,重点检测 | 根 | 41 | |
| | 45 | 吊板(枕上或枕下离缝大于 2 mm) | 全面查看,重点检测 | 头 | 4 | |
| 道床 | 46 | 肩宽不足,不饱满,有杂物 | 全面查看,重点检测 | 处 | 2 | |
| | 47 | 翻浆冒泥/严重不洁、影响排水 | 全面查看,重点检测 | 组 | 16/4 | |
| 标识 | 48 | 缺少、错误、位置不对,字迹不清 | 全面查看 | 处 | 1 | |

# 第五节　精密测量控制网

## 一、精测网构成及主要技术标准

各级平面控制网的主要技术要求见表2-5-1、表2-5-2和表2-5-3。

表2-5-1　各级平面控制网主要技术要求

| 铁路等级(km/h) | 控制网级别 | 测量方法 | 测量等级 | 点间距 | 相邻点相对点位中误差(mm) | 备注 |
|---|---|---|---|---|---|---|
| 200~300 | CP0 | GPS | | 50 km左右 | 20 | |
| 200~250(不含) | CPⅠ | GPS | 三等 | ≤4 km一对点或一个点 | | 点对间距≥800 m |
| | CPⅡ | GPS | 四等 | 400~600 m | | |
| | | 导线 | 四等 | 400~600 m | | 附(闭)合导线长度不超过5 km |
| | CPⅢ | 导线 | 一级 | 150~200 m | | |
| 250~300 | CPⅠ | GPS | 二等 | ≤4 km一对点或一个点 | 10 | 点对间距≥800 m |
| | CPⅡ | GPS | 三等 | 600~800 m | 8 | |
| | | 导线 | 三等或隧道二等 | 400~800 m | 8 | 附合导线网 |
| | CPⅢ | 自由设站边角交会法 | | 50~70 m一对点 | 1 | |

表2-5-2　250~300 km/h隧道洞内CPⅡ导线测量主要技术要求

| 控制网级别 | 附合长度(km) | 边长(m) | 测距中误差(mm) | 测角中误差(″) | 相邻点相对点位中误差(mm) | 导线全长相对闭合差限差 | 方位角闭合差限差(″) | 对应导线等级 | 备注 |
|---|---|---|---|---|---|---|---|---|---|
| CPⅡ | $L\leqslant 2$ | 300~600 | 3 | 1.8 | 7.5 | 1/55000 | $\pm 3.6\sqrt{n}$ | 三等 | 单导线 |
| CPⅡ | $2<L\leqslant 7$ | 300~600 | 3 | 1.8 | 7.5 | 1/55000 | $\pm 3.6\sqrt{n}$ | 三等 | 导线网 |

续上表

| 控制网级别 | 附合长度（km） | 边长（m） | 测距中误差（mm） | 测角中误差（″） | 相邻点相对点位中误差（mm） | 导线全长相对闭合差限差 | 方位角闭合差限差（″） | 对应导线等级 | 备注 |
|---|---|---|---|---|---|---|---|---|---|
| CPⅡ | $L>7$ | 300～600 | 3 | 1.3 | 5 | 1/100 000 | $\pm2.6\sqrt{n}$ | 隧道二等 | 导线网 |

**表 2-5-3　200～250（不含）km/h 隧道洞内 CPⅡ导线测量主要技术要求**

| 控制网级别 | 适用长度（km） | 测量等级 | 测角中误差（″） | 导线全长相对闭合差限差 | 方位角闭合差限差（″） | 备注 |
|---|---|---|---|---|---|---|
| CPⅡ | 9～20 | 二 | 1.0 | 1/100 000 | $\pm2.0\sqrt{n}$ | 导线网 |
| CPⅡ | 6～9 | 隧道二等 | 1.3 | 1/100 000 | $\pm2.6\sqrt{n}$ | 导线网 |
| CPⅡ | 3～6 | 三 | 1.8 | 1/50 000 | $\pm3.6\sqrt{n}$ | 导线网 |
| CPⅡ | 1.5～3 | 四 | 2.5 | 1/50 000 | $\pm5\sqrt{n}$ | 导线网 |
| CPⅡ | <1.5 | 一级 | 4.0 | 1/20 000 | $\pm8\sqrt{n}$ | 导　线 |

## 二、CP0、CPⅠ、CPⅡ控制网 GPS 测量精度指标

详见表 2-5-4。

**表 2-5-4　CP0、CPⅠ、CPⅡ控制网 GPS 测量精度指标**

| 铁路等级（km/h） | 控制网级别 | 基线边方向中误差 | 最弱边边长相对中误差 |
|---|---|---|---|
| 200～300 | CP0 | — | 1/2 000 000 |
| 200～250（不含） | CPⅠ | ≤1.7″ | 1/100 000 |
| | CPⅡ | ≤2.0″ | 1/70 000 |
| 250～300 | CPⅠ | ≤1.3″ | 1/180 000 |
| | CPⅡ | ≤1.7″ | 1/100 000 |

## 三、CPⅡ、CPⅢ控制网导线测量精度指标(表 2-5-5)

表 2-5-5　导线测量精度指标

| 等级 | 测角中误差(″) | 测距相对中误差 | 导线全长相对闭合差 | 方位角闭合差(″) | 测回数 | | |
|---|---|---|---|---|---|---|---|
| | | | | | DJ0.5 | DJ1 | DJ2 |
| 隧道二等 | 1.3 | 1/250 000 | 1/100 000 | $\pm 2.6\sqrt{n}$ | 6 | 9 | — |
| 三等 | 1.8 | 1/150 000 | 1/55 000 | $\pm 3.6\sqrt{n}$ | 4 | 6 | 10 |
| 四等 | 2.5 | 1/100 000 | 1/40 000 | $\pm 5\sqrt{n}$ | 3 | 4 | 6 |
| 一级 | 4.0 | 1/50 000 | 1/20 000 | $\pm 8\sqrt{n}$ | — | 2 | 2 |

## 四、CPⅢ(自由测站边角交会法)平面控制网的主要技术要求(表 2-5-6)

表 2-5-6　CPⅢ平面控制网主要技术要求

| 控制网名称 | 测量方法 | 方向观测中误差 | 距离观测中误差 | 相邻点相对点位中误差 |
|---|---|---|---|---|
| CPⅢ平面控制网 | 自由测站边角交会 | 1.8″ | 1.0 mm | 1.0 mm |

## 五、高程控制网测量等级及布点要求(表 2-5-7)

表 2-5-7　高程控制网测量等级及布点要求

| 控制网级别 | 铁路等级(km/h) | 测量方法 | 测量等级 | 点间距 | 适用地形 |
|---|---|---|---|---|---|
| 线路水准基点测量 | 200~250(不含) | 水准 | 三等 | 普通水准点间距≤2 km,基岩点、深埋水准点根据地质情况进行设计 | 平原 |
| | | 光电测距三角高程 | | | 山区或水域 |
| | 250~300 | 水准 | 二等 | | |
| CPⅢ控制点高程测量 | 200~250(不含) | 水准 | 四等 | 150~200 m | |
| | 250~300 | 水准 | 精密水准 | 50~70 m 一对点 | |

## 六、高程控制网的测量精度指标(表 2-5-8)

表 2-5-8　高程控制网的测量精度指标

| 水准测量等级 | 每千米高差偶然中误差 $M_{\Delta}$(mm) | 每千米高差全中误差 $M_W$(mm) | 限　差(mm) | | | |
|---|---|---|---|---|---|---|
| | | | 检测已测段高差之差 | 往返测高差不符值 | 附合路线或环线闭合差 | 左右路线高差不符值 |
| 二等 | ≤1.0 | ≤2.0 | $\pm 6\sqrt{L}$ | $\pm 4\sqrt{L}$ | $\pm 4\sqrt{L}$ | — |
| 精密水准 | ≤2.0 | ≤4.0 | $\pm 8\sqrt{L}$ | $\pm 8\sqrt{L}$ | $\pm 8\sqrt{L}$ | $\pm 6\sqrt{L}$ |
| 三等 | ≤3.0 | ≤6.0 | $\pm 20\sqrt{L}$ | $\pm 12\sqrt{L}$ | $\pm 12\sqrt{L}$ | $\pm 8\sqrt{L}$ |
| 四等 | ≤5.0 | ≤10.0 | $\pm 30\sqrt{L}$ | $\pm 20\sqrt{L}$ | $\pm 20\sqrt{L}$ | $\pm 14\sqrt{L}$ |

注:$L$ 为对应的线路长度(km)。

## 七、精测网维护和应用

平面复测后 GPS 控制网应按表 2-5-9、表 2-5-10 的要求对成果进行评定,水准点间复测高差与原测高差之差按表 2-5-8的要求进行评定。

表 2-5-9　平面 GPS 控制网复测限差要求

| 控制点 | 同精度复测坐标较差限差(mm) | 相邻点间坐标差之差的相对精度限差 |
|---|---|---|
| 一等 | 20 | 1/180 000 |
| 二等 | 20 | 1/130 000 |
| 三等 | 15 | 1/80 000 |
| 四等 | — | 1/50 000 |
| CPⅢ(自由测站) | 3 | — |

**表 2-5-10　导线复测较差的限差**

| 控制网等级 | 水平角较差限差(″) | 边长较差限差(mm) | 平面点位较差限差(mm) |
|---|---|---|---|
| 隧道二等 | 2.6 | $2m_D$ | 15 |
| 三等 | 3.6 | | |
| 四等 | 7.0 | $2\sqrt{2}m_D$ | $2\sqrt{m_{原}^2+m_{复}^2}$ |
| 一级 | 11.0 | | |

注：$m_D$ 为仪器标称精度，$m_{原}$ 为原测平面点位中误差(mm)，$m_{复}$ 为复测平面点位中误差(mm)。

# 第三章　桥隧建筑物

## 第一节　基本要求

### 一、限　　界

1. 桥隧建筑限界应满足《铁路技术管理规程》的规定，建筑限界的基本尺寸及轮廓线如图 3-1-1 所示。

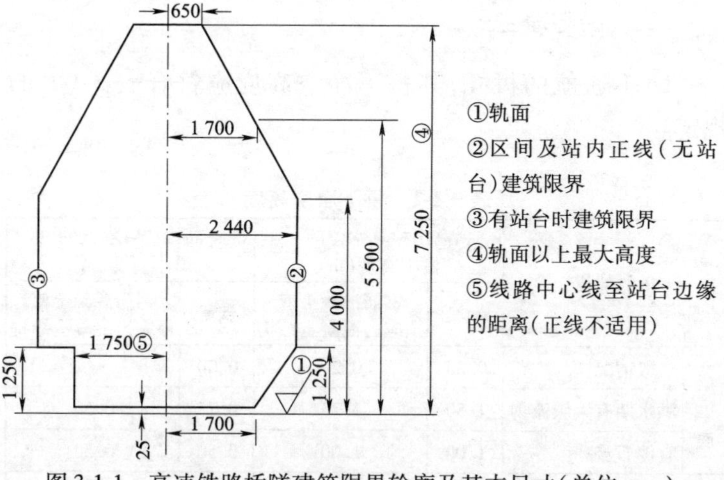


图 3-1-1　高速铁路桥隧建筑限界轮廓及基本尺寸(单位:mm)

2. 曲线地段建筑限界应考虑因超高产生车体倾斜对曲线内侧的限界加宽。

加宽范围包括全部圆曲线、缓和曲线和部分直线，采用阶梯加宽方法(图 3-1-2)。即缓和曲线中点外 13 m 之间的曲线加宽 $W$，缓和曲线中点外 13 m 至直缓点外 22 m 加宽 0.5 倍 $W$。

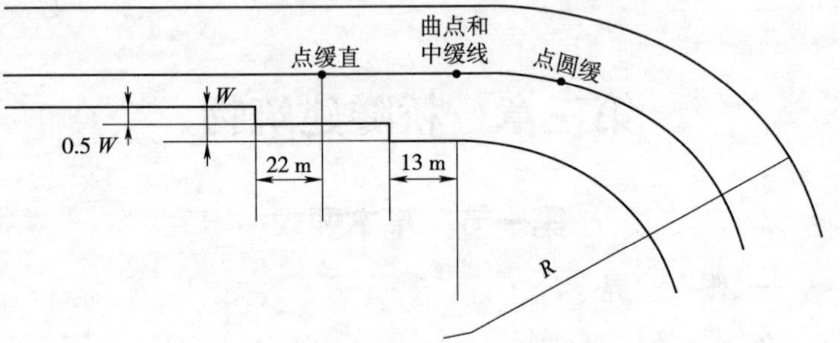


图 3-1-2　高速铁路桥隧建筑限界曲线阶梯加宽范围

## 二、孔径与净空

1. 不通航的桥孔，其桥下净空高度应符合表 3-1-1 的规定。

**表 3-1-1　桥下净空高度**

| 桥的部位 | | 高出检算水位的最小高度(m) | | 高出校验水位的最小高度(m) | |
|---|---|---|---|---|---|
| | | 钢梁 | 钢筋混凝土或预应力混凝土结构 | 钢梁 | 钢筋混凝土或预应力混凝土结构 |
| 梁底 | 一般情况 | 0.25 | 0.25 | 0.00 | — |
| | 洪水期有大漂流物 | 1.50 | 1.25 | 0.75 | 0.50 |
| | 有泥石流 | 1.00 | 1.00 | 0.50 | 0.50 |
| 支承垫石顶 | | 0.00 | — | — | — |
| 拱肋和拱圈的拱脚 | | 0.00 | — | — | — |

注：①实体无铰拱桥洪水期无大漂流物时，检定洪水位到拱顶净空高度不应小于拱矢高的1/4。

②严重泥石流时，或在洪水期有特大漂流物通过时，可视具体情况，采用大于表列的净空高度。

③表列水位及注 1 中所指水位应根据河流具体情况，计入可能产生的壅水、浪高、水拱、局部股流涌高、河流超高和河床淤积等影响的高度。

2. 检定洪水频率见表 3-1-2。

表 3-1-2　检定洪水频率

| 设备名称 | 适用条件 | 检算洪水频率 |
|---|---|---|
| 桥涵孔径 | 运营中的行洪桥涵 | 1/100 频率 |
| 特大、大桥 | 技术复杂、修复困难或重要的特大、大桥 | 1/300 校验频率 |
| 特大桥及大中桥 | 若观测洪水（包括调查洪水）频率小于 1/100，但不小于 1/300 时 | 观测洪水频率 |
| | 观测洪水频率小于 1/300 时 | 1/300 |

3. 行洪涵洞孔径一般按无压状态检定，即按涵洞净高的 1.2 倍临界状态的水位检定。无压涵洞内顶点高出洞内检算水位的净空，仍应满足表 3-1-3 的要求。

表 3-1-3　涵洞净空高度

| 涵洞净高 $H$(m) | 涵洞类型 | | |
|---|---|---|---|
| | 圆　涵 | 拱　涵 | 框构涵 |
| ≤3 | $\geqslant\frac{1}{4}H$ | $\geqslant\frac{1}{4}H$ | $\geqslant\frac{1}{6}H$ |
| >3 | ≥0.75 m | ≥0.75 m | ≥0.5 m |

注：拱（框构）桥与拱（框构）涵的区分：跨度 >6 m，且拱或框构顶至轨底的高度（即填土高度）<1 m 为拱（框构）桥，否则为拱（框构）涵。

4. 隧道内轨顶面以上最小净空面积应满足表 3-1-4 要求。

表 3-1-4　隧道内轨顶面以上最小净空面积

| 速度(km/h) | 最小净空面积($m^2$) | |
|---|---|---|
| | 单线 | 双线 |
| 200 | 52 | 80 |
| 250 | 58 | 90 |
| 300 | 70 | 100 |
| 350 | | |

## 三、刚　　度

1. 在 ZK 竖向静活载作用下，梁体的竖向挠度不应大于表 3-1-5 所列数值。

**表 3-1-5　梁体的竖向挠度限值**

| 速度(km/h) | 跨度(m) | | |
|---|---|---|---|
| | $L \leqslant 40$ | $40 < L \leqslant 80$ | $80 < L \leqslant 96$ |
| 200 | $L/1\,300$ | $L/1\,200$ | $L/1\,000$ |
| 250 | $L/1\,400$ | $L/1\,400$ | $L/1\,000$ |
| 300 | $L/1\,500$ | $L/1\,600$ | $L/1\,100$ |
| 350 | $L/1\,600$ | $L/1\,900$ | $L/1\,500$ |

注：①表中限值仅适用于跨度不大于 96 m 的混凝土结构。②表中限值适用于 3 跨及以上的双线简支梁，对 3 跨及以上一联的连续梁，梁体竖向挠度限值按表中数值的 1.1 倍取用；对 2 跨一联的连续梁、2 跨及以下的双线简支梁，梁体竖向挠度限值按表中数值的 1.4 倍取用。③对单线简支或连续梁，梁体竖向挠度限值按相应双线桥限值的 0.6 倍取用。

2. 轨道铺设完成后，预应力混凝土梁的竖向残余徐变变形应满足表 3-1-6 限值。

**表 3-1-6　预应力混凝土梁的竖向残余徐变变形**

| 名　　称 | 跨　　度 | 梁体的竖向变形 | 备注 |
|---|---|---|---|
| 有砟轨道桥面 | | 不应大于 20 mm | |
| 无砟轨道桥面 | 50 m 及以下 | 不应大于 10 mm | |
| | 大于 50 m | 不大于 20 mm | 不应大于跨度的 1/5 000 |

注：对于设有纵向坡度的无砟轨道桥梁，应考虑梁体纵向伸缩引起的梁缝两侧钢轨支承点竖向相对位移对轨道结构的影响。

3. 梁体横向变形限值应符合表 3-1-7 规定。

表 3-1-7　梁体横向变形限值

| 顺号 | 名称 | 条件 | 要求 |
|---|---|---|---|
| 1 | 梁体的水平挠度 | 在列车横向摇摆力、离心力、风力和温度的作用下 | 不应大于梁体跨度的 1/4 000 |
| 2 | 横向相对位移 | 无砟轨道桥梁相邻梁端之间、梁端与桥台之间钢轨支点处 | 不应大于 1 mm |

4. ZK 静活载作用下梁体扭曲引起的轨面不平顺限值，以一段 3 m 长的线路为基准，一线两根钢轨的竖向相对变形量 $t$ 不应大于 1. 5 mm，如图 3-1-3 所示。

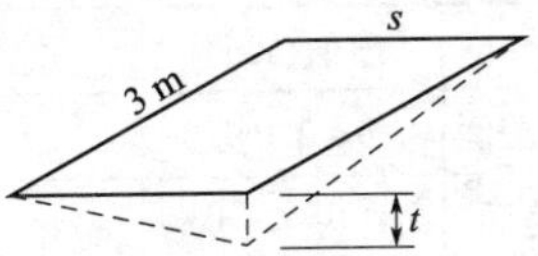


图 3-1-3　桥面扭曲变形示意图（$S$ 为钢轨中心距）

5. 跨度不大于 96 m 的简支梁竖向自振频率应满足以下规定。

（1）简支梁竖向自振频率不应低于表 3-1-8 限值。

表 3-1-8　简支梁竖向自振频率

| 简支梁跨度（m） | 简支梁竖向自振频率限值（Hz） |
|---|---|
| $L \leqslant 20$ | $80/L$ |
| $20 < L \leqslant 96$ | $23.58L^{-0.592}$ |

（2）跨度不大于 32 m 预应力混凝土双线简支箱梁，其竖向自振频率不低于表 3-1-9 限值时，可不进行车桥耦合动力响应检算。

**表 3-1-9　可不进行车桥耦合动力响应检算的双线简支箱梁竖向自振频率限值**

| 跨度(m) \ 速度(km/h) | 250 | 300 | 350 |
|---|---|---|---|
| 12、16、20 | $100/L$ | $100/L$ | $120/L$ |
| 24 | $100/L$ | $120/L$ | $140/L$ |
| 32 | $120/L$ | $130/L$ | $150/L$ |

6. 在 ZK 竖向静活载作用下,有砟轨道和无砟轨道桥梁梁端竖向转角限值应符合表 3-1-10 的规定。梁端竖向转角如图 3-1-4 所示。

**表 3-1-10　梁端竖向转角限值**

| 桥上轨道类型 | 位置 | 限值(rad) | 备注 |
|---|---|---|---|
| 有砟轨道 | 桥台与梁跨间 | $\theta \leqslant 2.0‰$ | |
| | 相邻梁跨间 | $\theta_1+\theta_2 \leqslant 4.0‰$ | |
| 无砟轨道 | 桥台与梁跨间 | $\theta \leqslant 1.5‰$ | 梁端悬出长度≤0.55 m |
| | | $\theta \leqslant 1.0‰$ | 0.55 m<梁端悬出长度≤0.75 m |
| | 相邻梁跨间 | $\theta_1+\theta_2 \leqslant 3.0‰$ | 梁端悬出长度≤0.55 m |
| | | $\theta_1+\theta_2 \leqslant 2.0‰$ | 0.55 m<梁端悬出长度≤0.75 m |

注:$\theta$ 为梁体的梁端竖向转角,$\theta_1$、$\theta_2$ 分别为相邻梁跨梁梁体各自的梁端竖向转角。

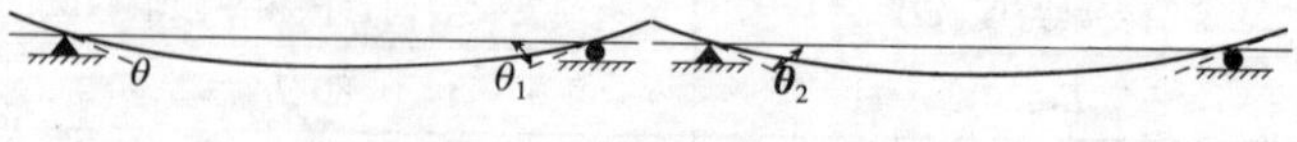


图 3-1-4　梁端转角示意图

7. 在 ZK 活载、横向摇摆力、离心力、风力和温度力的作用下,墩顶横向水平位移引起的桥面处梁端水平折角应不大于 1.0‰弧度。梁端水平折角如图 3-1-5 所示。

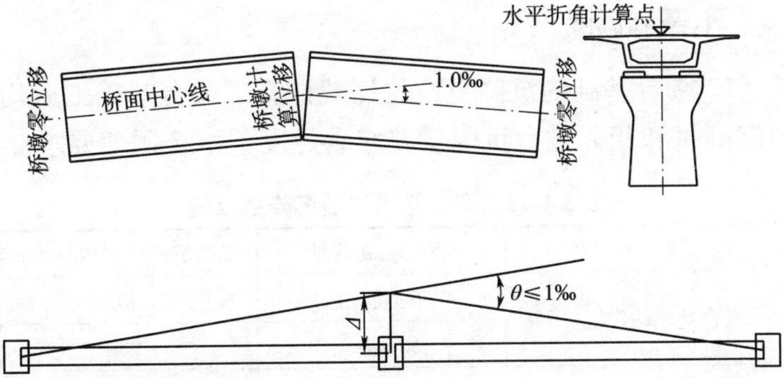


Δ：墩台横向水平位移差
θ：水平折角

图 3-1-5　水平折角示意图

8. 位于有砟轨道无缝线路固定区的混凝土简支梁，墩台顶纵向水平线刚度应符合表 3-1-11 的限值要求。非纵联型无砟轨道可采用表 3-1-11 限值。

**表 3-1-11　墩台顶纵向水平线刚度限值**

| 墩台顶 | 跨度(m) | 纵向水平线刚度(kN/cm) | |
|---|---|---|---|
| | | 双线墩台 | 单线墩台 |
| | ≤12 | 100 | 60 |
| | 16 | 160 | 100 |
| | 20 | 190 | 120 |
| 桥墩 | 24 | 270 | 170 |
| | 32 | 350 | 220 |
| | 40 | 550 | 340 |
| | 48 | 720 | 450 |
| 桥台 | | 3 000 | 1 500 |

注：高架车站到发线有效长度范围内双线墩台的纵向水平线刚度限值按表内单线墩台的 2.0 倍取值。

## 四、基础沉降

1. 墩台基础的沉降量应按恒载计算。墩台基础工后均匀沉降量和相邻墩台沉降量差应满足表 3-1-12 限值要求。

**表 3-1-12　墩台基础工后沉降量限值**

| 沉　降　类　型 | 桥上轨道类型 | 工后沉降量限值(mm) |
|---|---|---|
| 墩台基础均匀沉降 | 有砟轨道 | 30 |
| | 无砟轨道 | 20 |
| 相邻墩台基础沉降量差 | 有砟轨道 | 15 |
| | 无砟轨道 | 5 |

注:无砟轨道区段桥台、涵洞边墙、隧道洞口与路基交界处的工后沉降差不应大于 5 mm,工后沉降差造成的折角不应大于 1/1 000。

2. 涵洞基础、隧道基础、桥台、涵洞边墙、隧道洞口与路基交界处的工后沉降应满足表 3-1-13 限值要求。

**表 3-1-13　涵洞基础、隧道基础、桥台、涵洞边墙、隧道洞口与路基交界处的工后沉降**

| 顺号 | 沉　降　类　型 | 工后沉降限值 |
|---|---|---|
| 1 | 涵洞基础工后沉降量 | 应与相邻路基工后沉降量限值相一致 |
| 2 | 隧道基础工后沉降量 | 不应大于 15 mm |
| 3 | 无砟轨道区段桥台、涵洞边墙、隧道洞口与路基交界处的工后沉降差 | 不应大于 5 mm,工后沉降差造成的折角不应大于 1/1 000 |

## 五、基础埋深

1. 墩台明挖基础和沉井基础基底埋置深度应符合表 3-1-14条件。

**表 3-1-14　墩台明挖基础和沉井基础基底埋置深度**

| 顺号 | 条　件 | | 埋置深度要求 |
|---|---|---|---|
| 1 | 位于河道非岩石地基上的桥跨 | | 不应采用明挖基础 |
| 2 | 冻胀、强冻胀土 | | 在冻结线以下不小于 0.25 m |
| 3 | 无冲刷处 | | 在地面下不小于 2.0 m |
| 4 | 不易冲刷磨损的岩石 | | 嵌入基本岩层深度不小于 0.5 m |
| 5 | 有冲刷处 | 一般桥梁 | 在检算洪水频率流量下，安全值为 2 m 加冲刷总深度的 10% |
| | | | 在校验洪水频率流量下，安全值为 1 m 加冲刷总深度的 5% |
| | | 技术复杂、修复困难或重要的特大桥、大桥 | 在检算洪水频率流量下，安全值为 3 m 加冲刷总深度的 10% |
| | | | 在校验洪水频率流量下，安全值为 1.5 m加冲刷总深度的 5% |

2. 墩台桩基础和承台的埋置深度应符合表 3-1-15 条件。

**表 3-1-15　墩台桩基础和承台的埋置深度**

| 顺号 | 条　件 | 埋置深度要求 |
|---|---|---|
| 1 | 承台底面在土中时 | 在冻结线以下不小于 0.25 m |
| | | 在最大冲刷线下不小于 2 m |
| 2 | 承台底面在水中时 | 位于最低冰层底面以下不小于 0.25 m |
| 3 | 钻(挖)孔灌注桩为柱桩时 | 桩底嵌入基本岩层深度不应小于 0.5 m |

## 六、斜交、过渡、填土厚度

桥涵斜交、路基过渡、填土厚度应满足表 3-1-16 要求。

**表 3-1-16　斜交、过渡、填土厚度**

| 顺号 | 内　容 | 要　求 |
|---|---|---|
| 1 | 桥梁结构斜交时，桥梁轴线与支承线夹角 | 不宜小于 60° |
| 2 | 斜交涵洞的斜交角 | 不宜大于 45° |

续上表

| 顺号 | 内　容 | 要　求 |
|---|---|---|
| 3 | 涵洞顶至轨底的填土厚度 | 不宜小于1.5 m |
| 4 | 两桥相邻台尾边线之间的路基过渡长度 | 不应小于150 m |
| 5 | 两框构涵相邻边墙之间、桥梁台尾线与相邻框构涵边墙之间的路基过渡长度 | 不应小于30 m |

注：斜交桥台的台尾边线应与线路中线垂直，否则应有特殊措施与路基过渡。

## 第二节　技术标准

### 一、桥　　面

1. 桥面作业通道栏杆、桥面防护墙应满足表3-2-1、表3-2-2要求。

**表3-2-1　桥面作业通道栏杆(m)**

| 名　称 | | 线路中心距其内侧之间距离 | 通道宽度 | 栏杆高度 |
|---|---|---|---|---|
| 作业通道栏杆 | 250 km/h区段无砟桥面 | 3.45～4.1 | 不应小于0.8 | 不应小于1.0 |
| | 有砟桥面 | 3.75～4.1 | | |

**表3-2-2　桥面防护墙(m)**

| 名　称 | | 线路中心至其内侧净距 | 防护墙顶宽 |
|---|---|---|---|
| 防护墙 | 有砟轨道 | 不应小于2.2 | 不应小于0.2 |
| | 无砟轨道 | 不应小于1.9 | |

注：防护墙顶面高程不低于相邻轨面，且不侵入限界。

2. 有砟桥轨下枕底道砟厚度不应小于35 cm，直线段和曲线内股不应大于45 cm。超过偏差限值时应进行检算，如影响承载力或侵入限界时，必须进行调整。

## 二、桥面防排水

1. 桥面泄水管应满足表3-2-3要求。

表3-2-3 桥面泄水管

| 名称及内容 | 要 求 | 名称及内容 | 要 求 |
|---|---|---|---|
| 泄水管纵向间距 | 4.0 m左右 | 内径 | 不小于15 cm |
| 严寒地区泄水管壁厚 | 不宜小于8 mm | 开孔最大尺寸 | 宜为20 mm |
| 管盖厚度 | 不小于38 mm | 外露长度 | 不小于15 cm |

2. 有砟轨道混凝土桥面防水应满足表3-2-4要求。

表3-2-4 有砟轨道混凝土桥面防水

| 设备名称 | 防水办法 | 技术要求 |
|---|---|---|
| 混凝土桥面 | 桥面防水层应设置保护层 | 保护层纵向每隔4 m设置宽10 mm、深20 mm的横向预裂缝,并用聚氨酯防水涂料填实 |
| 防护墙 | 防护墙间宜铺设卷材类防水层,防护墙跟部加铺卷材附加层,防水层上设置保护层 | 附加层沿防护墙弯起高度5 cm,水平向宽度15 cm。防水层上设厚度不小于6 cm的纤维混凝土保护层,保护层与防护墙接缝应采用聚氨酯防水涂料封边,封边高度不小于8 cm |
| 电缆槽 | 采用聚氨酯防水涂料防水层,防水层上应设置保护层 | 防水层上设厚度4~6 cm的纤维混凝土保护层。保护层与防护墙、电缆槽竖墙接缝应采用聚氨酯防水涂料封边,封边高度不小于8 cm |

3. 无砟轨道混凝土桥面防水应满足表3-2-5要求。

表3-2-5 无砟轨道混凝土桥面防水

| 结构及名称 | 防水办法 | 技 术 要 求 |
|---|---|---|
| 轨道底座板直接与混凝土桥面板相连 | 在轨道底座板范围外的防护墙之间应铺设卷材类防水层,防护墙和底座板跟部加铺卷材附加层,防水层上设置保护层 | 附加层沿防护墙弯起高度5 cm,水平向宽度15 cm。防水层上设厚度不小于6 cm的纤维混凝土保护层,保护层与防护墙接缝应采用聚氨酯防水涂料封边,封边高度不小于8 cm |

续上表

| 结构及名称 | 防水办法 | 技 术 要 求 |
|---|---|---|
| 轨道底座板与混凝土桥面板之间设有隔离层(滑动层) | 采用底涂、喷涂聚脲防水涂料、脂肪族聚氨酯面层组成的喷涂聚脲防水层 | 底涂宜采用常温、低温、高温型环氧树脂或聚氨酯材料;聚脲防水涂料涂膜厚度应在1.6~2.0 mm之间;脂肪族聚氨酯面层涂膜总厚度不应小于200 μm。聚脲防水涂料涂膜宜采用深灰色,脂肪族聚氨酯面层宜采用中灰色。喷涂聚脲防水层上不设保护层 |
| 防护墙、侧向挡块跟部 | 应进行封边处理 | 封边高度不小于8 cm;泄水管内壁涂刷聚脲防水涂料,深度不小于10 cm。分次喷涂时,搭接长度不小于10 cm |
| 电缆槽 | 采用聚氨酯防水涂料防水层,防水层上应设置保护层 | 防水层上设厚度4~6 cm的纤维混凝土保护层。保护层与防护墙、电缆槽竖墙接缝应采用聚氨酯防水涂料封边,封边高度不小于8 cm |

## 三、钢结构保护涂装

1. 在涂装底漆前,应将钢料表面的污泥、油垢、铁锈、旧漆皮和氧化皮彻底清除干净。清理设备及方法见表3-2-6。

**表3-2-6　涂装底漆前钢结构设备清理方法**

| 设备名称 | 清理方法 |
|---|---|
| 钢梁、钢－混凝土结合梁、钢箱拱肋、钢管拱、钢桥面、拱桥钢吊杆 | 采用喷砂、喷丸清理 |
| 防落梁装置、作业通道钢栏杆、钢立柱、疏散通道、吊篮、围栏、限高防护架等附属钢结构 | 引去同上,<br>也可采用手工清理 |

注:严禁使用腐蚀性物质清理钢表面。

2. 钢结构的维护涂装等级及涂装办法见表3-2-7。

**表 3-2-7　钢结构的维护涂装**

| 涂装等级 | 涂装办法 |
| --- | --- |
| 钢梁涂膜粉化达3级(涂膜粉化达4级且底漆完好) | 应清除涂层表面污渍,用细砂纸除去粉化物,然后覆盖相应的面漆二道 |
| 涂膜起泡、裂纹或脱落劣化达2~3级,底漆完好 | 清理损坏区域周围疏松的涂层,并延伸至未损坏的涂层区域50~80 mm,形成坡口,局部涂相应的底漆和相应的中间漆、面漆。如要保持涂层表面一致,可在局部涂面漆后,全部再覆盖面漆 |
| 涂膜劣化达2~3级生锈 | 清除松散的涂层,直到良好结合的涂层区域为止,表面清理应达到St2.0级,未损坏的涂层区域边缘按本表"涂膜起泡、裂纹或脱落劣化达2~3级"要求处理,然后局部涂装相应的底漆和相应的中间漆、面漆。如要保持涂层表面一致,可在局部涂面漆后,全部再覆盖面漆一道 |
| 喷锌或铝涂层发生锈蚀劣化类型为2~3级生锈 | 应除去松动的锌或铝涂层和涂料涂层直到良好结合的锌或铝涂层区域为止,钢表面锈蚀清理应达到Sa2.5级。对于未损坏的涂料和锌或铝涂层区域边缘按本表"涂膜起泡、裂纹或脱落劣化达2~3级"要求处理。对于电弧喷锌或铝涂层清理部位,也可改涂特制环氧富锌防锈底漆二道,然后涂相应的中间漆和面漆。 |

3. 钢梁涂装条件及要求见表3-2-8。

**表 3-2-8　钢梁涂装条件及要求**

| 涂装施工条件 | 涂装技术要求 | 涂层质量要求 |
| --- | --- | --- |
| (1) 钢表面清理,严禁在雨、雪、凝露和相对湿度大于80%及风沙天气进行。(2) 环氧类漆不允许在10℃以下施工,无机富锌防锈防滑涂料、酚醛漆、醇酸漆、聚氨酯漆、氟碳面漆不允许在5℃以下施工。不允许在相对湿度80%以上、雨天、雾天或风沙场合进行涂装施工。(3) 钢结构表面清理后应在4 h | (1)施工前应对涂料的颜色及外观、弯曲性能、附着力、细度、干燥时间、流出时间等主要技术指标进行复验和试涂,符合要求后方可进行正式涂装。(2) 钢梁初始涂装和整孔重新涂装时,钢表面清理等级及粗糙度应达到规定的标准,涂装体系应根据杆件的部位和地区环境确定。(3) 涂膜维护涂装时,应对局部劣化部位按要求进行清理,按原涂 | (1)涂料涂层厚度符合标准,表面应平整均匀,不允许有剥落、起泡、裂纹、气孔,允许有不影响防护性能的轻微橘皮、流挂、刷痕和少量杂质。(2)金属涂层厚度符合标准,表面应 |

续上表

| 涂装施工条件 | 涂装技术要求 | 涂层质量要求 |
| --- | --- | --- |
| 内涂装第一道底漆或电弧喷铝涂层,电弧喷铝完成后应立即覆盖封孔剂。(4) 涂层实干后,方可涂装下一道漆,底漆、中间漆最长暴露时间不超过 7 天,两道面漆间隔若超过 7 天时需用细砂纸打磨涂层表面成细微毛面后方能涂下一道漆 | 装系逐层进行涂装,并延伸至未损坏的涂层区域 50 ~ 80 mm,形成坡口,局部修理处干膜总厚度不应小于原涂装体系干膜的厚度。(4) 涂料涂层施工时,应严格按要求的道数及涂膜厚度进行涂装,每道干膜厚度达不到要求时,应增加涂装道数,杆件边棱和难以涂装的部位应加厚或加涂一道。(5) 涂料中可加稀释剂调整施工黏度,稀释剂的品种应与所用涂料相适应。涂装时可根据油漆说明书实施 | 均匀一致,不允许有起皮、鼓泡、大熔滴、松散粒子、裂纹、掉块,允许有不影响防护性能的轻微结疤、起皱 |

## 四、钢 结 构

1. 钢梁杆件伤损容许限度超过表 3-2-9 的规定时,应及时进行整修、加固或更换(经检定不影响钢梁正常使用者除外)。

**表 3-2-9 钢梁杆件伤损容许限度**

| 顺号 | 伤 损 类 别 | | 容 许 限 度 |
| --- | --- | --- | --- |
| 1 | 竖向弯曲 | | 弯曲矢度小于跨度的 1/1000 |
| 2 | 纵横梁 | 横向弯曲 | 弯曲矢度小于自由长度的 1/5000,并在任何情况下不超过 20 mm |
| 3 | | 盖板上有洞孔 | 洞孔直径小于 30 mm,边缘完好 |
| 4 | | 腹板上有洞孔 | 工字梁的洞孔直径小于 50 mm,板梁小于 80 mm,边缘完好 |
| 5 | | 腹板受拉部位有弯曲 | 凸出部分直径小于断面高度的 0.2 倍或深度不大于腹板厚度 |
| 6 | | 腹板受压部位有弯曲 | 凸出部分直径小于断面高度的 0.1 倍或深度不大于腹板厚度 |
| 7 | 桁梁杆件 | 主梁压力杆件弯曲 | 弯曲矢度小于杆件自由长度的 1/1000 |

续上表

| 顺号 | 伤损类别 | | 容许限度 |
|---|---|---|---|
| 8 | 桁梁杆件 | 主梁拉力杆件弯曲 | 弯曲矢度小于杆件自由长度的1/500 |
| 9 | | 主梁腹杆或连接杆件弯曲 | 弯曲矢度小于杆件自由长度的1/300 |
| 10 | | 洞孔 | 洞孔直径小于杆件宽度的0.15倍并不得大于30 mm |

2. 高强度螺栓的施工预拉力应符合设计要求，欠拧值或超拧值均不应超过规定值的10%，各种型号的高强度螺栓的设计预拉力值如表3-2-10所列。桥隧建筑限界最大宽度范围的上方杆件联结不应采用高强度螺栓连接。对既有桥隧建筑限界最大宽度范围的上方杆件已采用高强度螺栓连接的，应逐个检查，避免超拧。

**表3-2-10　高强度螺栓的设计预拉力值**

| 高强度螺栓材质 | 直径(mm) | 设计预拉力(kN) |
|---|---|---|
| 20MnTiB<br>40B | M22 | 200 |
| | M24 | 240 |
| 45号钢 | M22 | 160 |
| 35VB | M27 | 290 |
| | M30 | 360 |

## 五、支座和防落梁挡块

1. 支座板边缘至墩台边缘的距离应符合表3-2-11规定。

**表3-2-11　支座板边缘至墩台边缘的距离**

| 跨度 $L$(m) | $L<16$ | $16\leqslant L<20$ | $20\leqslant L<32$ | $32\leqslant L<40$ | $L\geqslant 40$ |
|---|---|---|---|---|---|
| 距离(cm) | 15 | 20 | 25 | 35 | 40 |

2. 支承垫石顶面与下支座板之间应采用20～30 mm厚

的无收缩灌浆料重力灌浆填实；四个支点的反力与平均值相差不应超过 ±5% 。

3. 支座安装应稳固可靠，支座位置上下座板应水平安装，支座与梁底及垫石间必须密贴无缝隙，水平各层部件间应密贴无缝；活动支座滑动面应保持洁净滑润，保证梁跨自由伸缩、转动。支座安装允许偏差应满足表 3-2-12 规定。

**表 3-2-12　支座安装允许偏差**

<table>
<tr><th>序号</th><th colspan="3">项　目</th><th>允许偏差（mm）</th></tr>
<tr><td rowspan="2">1</td><td rowspan="2">支座下座板中心与墩台支座设计中心纵向错动量</td><td colspan="2">墩台高度 <30 m</td><td>20</td></tr>
<tr><td colspan="2">墩台高度 ≥30 m</td><td>15</td></tr>
<tr><td rowspan="2">2</td><td rowspan="2">支座下座板中心与墩台支座设计中心横向错动量</td><td colspan="2">墩台高度 <30 m</td><td>15</td></tr>
<tr><td colspan="2">墩台高度 ≥30 m</td><td>10</td></tr>
<tr><td rowspan="2">3</td><td rowspan="2">同端支座中心横向距离</td><td colspan="2">偏差与桥梁设计中心对称时</td><td>$^{+30}_{-10}$</td></tr>
<tr><td colspan="2">偏差与桥梁设计中心不对称时</td><td>$^{+15}_{-10}$</td></tr>
<tr><td>4</td><td colspan="3">聚四氟乙烯板 4 个角点的外露高度</td><td>$^{+0.6}_{0}$</td></tr>
<tr><td rowspan="6">5</td><td rowspan="6">盆式橡胶支座</td><td colspan="2">支座板四角高差</td><td>1</td></tr>
<tr><td colspan="2">上下座板十字线扭转</td><td>1</td></tr>
<tr><td colspan="2">同一梁端两支座高差</td><td>1</td></tr>
<tr><td colspan="2">一孔箱梁四个支座中，一个支座不平整限值</td><td>3</td></tr>
<tr><td colspan="2">固定支座上下座板及中线的纵横错动量</td><td>1</td></tr>
<tr><td colspan="2">活动支座中线的纵横错动量（按设计温度定位后）</td><td>3</td></tr>
<tr><td rowspan="4">6</td><td rowspan="4">钢支座</td><td rowspan="2">下座板中心十字线扭转</td><td>下座板尺寸 <2 000 mm</td><td>1</td></tr>
<tr><td>下座板尺寸 ≥2 000 mm</td><td>1‰边宽</td></tr>
<tr><td rowspan="2">固定支座十字线中心与全桥贯通测量后墩台中心线纵向偏差</td><td>连续梁或跨度 ≥60 m 简支梁</td><td>20</td></tr>
<tr><td>跨度 <60 m 简支梁</td><td>10</td></tr>
</table>

续上表

<table>
<tr><th>序号</th><th colspan="2">项　　目</th><th>允许偏差（mm）</th></tr>
<tr><td rowspan="5">6</td><td rowspan="5">钢支座</td><td>活动支座中心线的纵向错动量（按设计气温定位后）</td><td>3</td></tr>
<tr><td>固定支座上下座板中线的纵横错动量</td><td>3</td></tr>
<tr><td>支座底板四角相对高差</td><td>2</td></tr>
<tr><td>活动支座的横向错动量</td><td>3</td></tr>
<tr><td>上下座板及轴之间的扭转</td><td>1</td></tr>
</table>

## 六、混凝土梁及墩台

混凝土梁及墩台恒载裂缝宽度限值见表 3-2-13 所列。

**表 3-2-13　混凝土梁及墩台恒载裂缝宽度限值**

<table>
<tr><th>梁　　别</th><th colspan="2">裂缝部位</th><th>最大裂缝限值（mm）</th></tr>
<tr><td rowspan="3">预应力混凝土梁</td><td rowspan="3">梁体</td><td>下缘竖向及腹板主拉应力方向</td><td>不允许</td></tr>
<tr><td>纵向及斜向</td><td>0. 2</td></tr>
<tr><td>横隔板</td><td>0. 3</td></tr>
<tr><td rowspan="2">钢筋混凝土梁、桥面板及框构</td><td colspan="2">主筋附近竖向</td><td>0. 25</td></tr>
<tr><td colspan="2">腹板竖向及斜向</td><td>0. 3</td></tr>
<tr><td rowspan="5">墩台</td><td colspan="2">顶帽</td><td>0. 3</td></tr>
<tr><td rowspan="3">墩台身</td><td>经常受侵蚀性环境水影响</td><td>有筋 0. 20，无筋 0. 30</td></tr>
<tr><td>常年有水但无侵蚀性</td><td>有筋 0. 25，无筋 0. 35</td></tr>
<tr><td>干沟或季节性有水河流</td><td>0. 4</td></tr>
<tr><td colspan="2">有冻结作用部分</td><td>0. 2</td></tr>
</table>

## 七、桥梁救援疏散通道

桥梁救援疏散通道由基础、立柱、梯梁、梯板、平台、栏杆、扶手、安全防护罩(围墙)、安全门、桥上疏散指示标识等组成,分顺坡式、折向式、旋转式三种。优先采用顺坡式、折向式,折向式、旋转式仅适用于无地面维修通道一侧。桥梁救援疏散通道应与地面道路顺接,设置在铁路征地范围内,并不应影响桥下地面维修通道的使用,并满足表 3-2-14 要求。

**表 3-2-14　桥梁救援疏散通道(m)**

| 名　称 | 宽度 | 高度 | 长度 |
|---|---|---|---|
| 桥梁救援疏散通道 | 不小于 1.5 | | |
| 疏散通道拦杆扶手 | | 不小于 1.2 | |
| 通道下方安全防护门 | 不小于 1.25 | 不小于 2.5 | |
| 通道上方(桥上)安全门 | 不小于 1.38 | 一般 1.2 | |
| 通道踏步 | 0.30 | 0.15～0.17 | 不小于 1.25 |
| 安全防护罩<br>(距地面 3.0 m 高度范围内) | | 高度不小于 3.0,<br>通行高度不小于 2.5 | |

## 八、涵　　洞

涵洞宜采用钢筋混凝土框架箱涵,并满足表 3-2-15 要求。

**表 3-2-15　涵洞要求**

| 名称 | 全长 | 最小孔径 | 备　注 |
|---|---|---|---|
| 排洪涵洞 | 不大于 25 m | 不小于 1.25 m | 交通涵不应积水。排洪涵应与路基排水沟、外部的自然水系及地方排灌系统顺接,确保排水畅通 |
| | >25 m | 孔径相应加大 | |
| 无淤积的灌溉涵 | 不大于 15 m | 不小于 1.0 m | |
| | >15 m | 孔径相应加大 | |
| 倒虹吸 | | 不小于 1.25 m | 应采用钢筋混凝土框架箱形或圆形结构 |

## 九、框构顶进

无砟轨道区段路基禁止框构顶进，有砟轨道区段有可能破坏地基加固效果的路基地段、各种过渡段，禁止框构顶进；框构顶进必须严格审批，采取严格、周密的工程措施和施工安全管理措施，防止框构与路基之间不均匀沉降超限。

## 十、隧道衬砌及洞门

1. 二次衬砌厚度应符合表 3-2-16 规定。

**表 3-2-16　二次衬砌厚度**

| 类型 | 拱墙厚度 | 仰拱厚度 | 备注 |
|---|---|---|---|
| Ⅰ、Ⅱ级围岩 | 不小于 35 cm | 不小于 35 cm(250 km/h) | 底板最小厚度不小于 30 cm |
| | | 不小于 45 cm(350 km/h) | |
| Ⅲ级围岩 | 不小于 40 cm | 不小于 50 cm | |
| Ⅳ级围岩 | 不小于 45 cm | 不小于 55 m | |
| | 不小于 50 cm | 不小于 60 cm | 黄土隧道 |
| Ⅴ级围岩 | 不小于 50 cm | 不小于 60 cm | |
| | 不小于 60 cm | 不小于 70 cm | 黄土隧道 |

2. 钢筋混凝土保护层厚度应符合表 3-2-17 规定。

**表 3-2-17　钢筋混凝土保护层厚度**

| 名称 | 拱墙、仰拱 | 底板 | 沟槽 |
|---|---|---|---|
| 钢筋混凝土保护层厚度 | 不应小于 5 cm | 不应小于 4 cm | 不应小于 3.5 cm |

3. 隧道洞门、洞口缓冲结构、衬砌建筑材料可按表 3-2-18 和表 3-2-19 选用，其混凝土强度等级和水泥砂浆等级不应低于表列规定。

表 3-2-18　洞门建筑材料

| 部位＼材料种类 | 混凝土 | 钢筋混凝土 | 砌　　体 |
| --- | --- | --- | --- |
| 斜切式洞门 | C35 | C35 | |
| 洞口缓冲结构 | — | C35 | |
| 洞顶挡墙 | C20 | C25 | M10 水泥砂浆砌块石 |
| 侧沟、截水沟 | C15 | — | M10 水泥砂浆砌片石 |
| 护　坡 | C15 | — | M10 水泥砂浆砌片石 |

注：①护坡材料也可采用 C20 喷射混凝土，但土质及风化岩边坡不应采用。
②最冷月平均气温低于 －15℃的地区，表列水泥砂浆强度应提高一级。

表 3-2-19　衬砌建筑材料

| 部位＼材料种类 | 二次衬砌 | | 初期支护 |
| --- | --- | --- | --- |
| | 混凝土 | 钢筋混凝土 | 喷射素或纤维混凝土 |
| 拱　圈 | C30 | C35 | C25 |
| 边　墙 | C30 | C35 | C25 |
| 仰　拱 | C30 | C35 | C25 |
| 底　板 | — | C35 | — |
| 仰拱填充 | C20 | — | — |
| 底板混凝土找平层 | C20 | — | — |
| 水沟、电缆槽身 | C30 | C35 | — |
| 水沟、电缆槽盖板 | RPC，120MPa | C35 | — |
| 钢筋混凝土排水管 | — | C30 | — |
| 无砟轨道踏步 | C20 | — | — |

注：钢筋混凝土排水管应符合《混凝土和钢筋混凝土排水管》（GB/T 11836）三级管标准。

## 十一、隧道防水与排水

1. 隧道侧沟、中心水沟应符合表 3-2-20 规定，中心水管应符合表 3-2-21 规定,检查井应符合表 3-2-22 规定。

**表 3-2-20　隧道侧沟、中心水沟**

<table>
<tr><th>名称</th><th>宽度</th><th>深度</th><th>排水坡度</th><th>备注</th></tr>
<tr><td>侧沟</td><td>不小于 30 cm</td><td>不小于 75 cm</td><td rowspan="3">纵向不小于 1‰<br>横向不小于 2‰</td><td></td></tr>
<tr><td rowspan="2">中心水沟</td><td rowspan="2">不小于 60 cm</td><td>不小于 80 cm</td><td>无砟轨道</td></tr>
<tr><td>不小于 100 cm</td><td>有砟轨道</td></tr>
</table>

**表 3-2-21　隧道中心水管**

<table>
<tr><th>名称</th><th>内径</th><th>管壁厚度</th><th>轨顶与中心水管管底高差</th><th>备注</th></tr>
<tr><td rowspan="2">中心水管</td><td>不小于 40 cm</td><td rowspan="2">不小于内径的 1/10</td><td>不小于 1.35 m</td><td></td></tr>
<tr><td>不小于 60 cm</td><td>不小于 1.5 m</td><td>排水量较大时</td></tr>
<tr><td colspan="5">水管中心上方顶面设置顶宽不小于 16 cm,深度不小于 8 cm 的弧形排水凹槽</td></tr>
</table>

**表 3-2-22　隧道检查井**

<table>
<tr><th>名称</th><th>间距</th><th>纵、横向宽度</th><th>轨顶与检查井底高差</th><th>沉沙池高度</th><th>检查井盖板</th><th>备注</th></tr>
<tr><td rowspan="2">检查井</td><td rowspan="2">不大于 50 m</td><td rowspan="2">不小于 1.0 m</td><td rowspan="2">不小于 1.55 m</td><td rowspan="2">不小于 20 cm</td><td>不小于 30 mm<br>(铸钢镂空)</td><td>无砟轨道</td></tr>
<tr><td>不小于 10 cm<br>(钢筋混凝土)</td><td>有砟轨道</td></tr>
<tr><td colspan="7">检查井不应设置在施工缝、变形缝处,距衬砌变化断面不应小于 1.0 m</td></tr>
</table>

2. 隧道侧沟和中心水沟的连接应符合表 3-2-23 规定。

**表 3-2-23　隧道侧沟和中心水沟**

| 名称 | 直径 | 间距 |
|---|---|---|
| 侧沟与衬砌背后的纵、环向盲管之间设置连通管 | 不小于 10 cm | 5 ~ 10 m |
| 侧沟与中心水沟(管)之间设置横向导水管 | 不小于 10 cm | 不大于 50 m |

3. 整治隧道渗漏水措施见表3-2-24。

表3-2-24　整治隧道渗漏水措施

| 隧道渗漏水形式 | 采取措施 |
| --- | --- |
| 衬砌渗漏水 | 采用衬砌内压注速凝止水化学浆液 |
| 边墙淌水 | 采用边墙内设环向排水暗槽、衬砌后围岩注浆等措施；必要时边墙背后增设竖向盲沟 |
| 施工缝渗漏水 | 采用在缝内压注速凝止水化学浆液、嵌填弹性防水橡胶条、橡胶止水带等，当埋设有可重复注浆管时，可通过重复注浆管进行注浆堵漏 |
| 变形缝渗漏水 | 采用嵌填弹性防水橡胶条、橡胶止水带等 |
| 隧底冒水 | 采用压注速凝材料、加深或增设排水沟，翻修隧底仰拱或铺底等 |
| 隧道内渗漏水结冰 | 及时刨除，并彻底整改 |

4. 隧道救援通道应符合表3-2-25规定。

表3-2-25　隧道救援通道

| 名　称 | 距线路中线 | 宽　度 | 高　度 | 纵　坡 |
| --- | --- | --- | --- | --- |
| 隧道救援通道 | 不小于2.3 m | 不宜小于1.5 m | 不小于2.2 m | |
| 疏散出口通道 | | 不小于3.0 m | 不小于2.2m | 不宜大于12% |

# 第三节　评定标准

## 一、高速铁路桥隧建筑物状态评定标准(表 3-3-1)

**表 3-3-1　高速铁路桥隧建筑物状态评定标准**

| (一)桥面劣化等级评定 | | | |
|---|---|---|---|
| 类型等级 | 1. 桥面防排水(孔) | 2. 桥面道砟槽板、梁端伸缩装置(孔) | 3. 防护墙、遮板、栏杆等(m) |
| A1 | 防水层失效,严重脱皮,桥面排水失效 | | 栏杆、遮板锚固螺栓严重锈蚀、联结强度不足,影响安全 |
| B | 防水层的保护层出现空鼓、开裂、掉皮。泄水管管盖缺失达 5%,堵塞 10% | 梁端橡胶止水带松脱、破裂或未沿梁缝全长设置。有砟桥面梁端伸缩钢盖板移位、漏砟 | 防护墙混凝土漏筋、掉块,栏杆、遮板锚固螺栓锈蚀 |
| C | 防水层局部起泡、脱皮、开裂 | 有砟桥面梁端伸缩钢盖板锈蚀 | 遮板断缝嵌缝胶缺少、脱落,引起渗漏水 |

| 4. 作业通道、安检设施 | | |
|---|---|---|
| 类型等级 | (1)作业通道(m) | (2)安检设施(孔) |
| A1 | 锚固螺栓严重锈蚀、焊接强度不足,栏杆严重失修,危及人身安全 | ①安检设施应设未设;<br>②桥梁检修作业车,吊篮、围栏、梯子等严重失修,危及人身安全 |
| B | 人行道步板缺少或损坏 | |

续上表

| | | | |
|---|---|---|---|
| （二）钢梁劣化等级评定 | | | |
| 5. 钢梁涂膜劣化（按钢梁重量计，单位：t） | | | |
| 类型等级 | （1）起泡、裂纹、脱落 | （2）生锈 | （3）粉化 |
| A1 | 总面积 $S\geqslant33\%$ | 总面积 $S\geqslant5\%$ | 3 级 |
| B | $16\%\leqslant S<33\%$ | $3\%\leqslant S<5\%$ | 2 级 |
| C | $S<16\%$ | $S<3\%$ | 1 级 |
| 注：具体评定方法见《铁路桥隧建筑物劣化评定标准》（TB/T 2486—1994） | | | |
| 6. 钢梁裂纹劣化（处、见钢梁图） | | | |
| 类型等级 | （1）下承式桁梁的端横梁与纵梁连接处下端裂纹 | （2）受拉翼缘焊接盖板端部裂纹 | （3）主梁、纵梁、横梁受拉翼缘边及焊缝处裂纹 |
| AA | | $L>150$ mm 或裂纹穿透翼缘板厚（图 3-3-2） | $L_1>20$ mm 或 $L_2>40$ mm（图 3-3-3） |
| A1 | 裂纹长度≥50 mm（图 3-3-1） | 20 mm $<L\leqslant$ 150 mm（图 3-3-2） | 20 mm $\geqslant L_1\geqslant$ 5 mm 或 40 mm $\geqslant L_2\geqslant$ 10 mm（图 3-3-3） |
| B | 裂纹长度 <50 mm（图 3-3-1） | $L\leqslant$ 20 mm（图 3-3-2） | $L_1<$ 5 mm 或 $L_2<$ 10 mm（图 3-3-3） |
| 类型等级 | （4）竖加劲肋下端或下端焊趾处梁体腹板水平裂纹 | （5）纵横梁端部缺口处裂纹 | （6）支承处、支承板与下翼缘焊缝处裂纹 |
| AA | $h>$ 100 mm（图 3-3-4） | $h>$ 10 mm［图 3-3-5（a）、（b）］或 $h>$ 100 mm［图 3-3-5（c）］ | |

续上表

| | | | |
|---|---|---|---|
| A1 | 20 mm < $h \leqslant$ 100 mm(图 3-3-4) | $h \leqslant$ 10 mm[图 3-3-5(a)、(b)]或 $h \leqslant$ 100 mm[图 3-3-5(c)] | |
| B | $h \leqslant$ 20 mm(图 3-3-4)或水平裂纹设置止裂孔后不扩展 | | (图 3-3-6) |
| 类型等级 | (7)平、纵联、横联及其连接板处裂纹或断裂 | (8)主梁竖加劲肋与受压翼缘连接焊缝开裂 | (9)U 形肋和其他部位裂纹 |
| A1 | | | 裂纹有发展 |
| B | 裂纹仍在扩展,有可能扩展至主要构件上(图 3-3-7) | | 裂纹无发展 |
| C | 裂纹扩展很缓慢或停止扩展(图 3-3-7) | 运营后很快出现并自行停止发展或完全脱开翼板(图 3-3-8) | |

7. 钢梁异常变位劣化(处,见钢梁图)

| 类型等级 | (1)主桁、主梁挠度超限(孔) | (2)列车动活载作用下的异常变位(孔) | (3)竖向弯曲 | 板梁、纵梁、横梁 | | |
|---|---|---|---|---|---|---|
| | | | | (4)横向弯曲 | (5)盖板上有洞孔,但边缘无损伤 | (6)腹板上有洞孔 |
| A1 | 挠度超过《铁路桥梁检定规范》(以下简称《桥检规》)规定的通常值 | 横向振幅超过《桥检规》行车安全限值 | 弯曲矢度大于跨度的 1/1 000 | 弯曲矢度大于自由长度的 1/5 000,并在任何情况下超过 20 mm | | |

续上表

| | | | | | | |
|---|---|---|---|---|---|---|
| B | 出现死挠度 | 横向振幅或自振频率超过《桥检规》行车通常值 | | | 洞孔直径达 30 mm | 工字梁、纵、横梁的洞孔直径达 50 mm，板梁达 80 mm |
| C | | | | | 洞孔直径小于 30 mm | 小于上述值 |

| | | | | | | | |
|---|---|---|---|---|---|---|---|
| 类型等级 | 板梁、纵梁、横梁 | | 桁梁 | | | | |
| | (7)腹板拉力部位有弯曲 | (8)腹板压力部位有弯曲 | (9)联结系杆件弯曲 | (10)主梁压力杆件弯曲 | (11)主梁拉力杆件弯曲 | (12)主梁腹杆或联结杆件弯曲 | (13)杆件上有洞孔 |
| B | 凸出部分直径达断面高度的 0.2 倍或深度达腹板厚度 | 凸出部分直径达断面高度的 0.1 倍或深度达腹板厚度 | 弯曲矢度大于自由长度的 1/300 | 弯曲矢度大于自由长度的 1/1 000 | 弯曲矢度大于自由长度的 1/500 | 弯曲矢度大于自由长度的 1/300 | 孔洞直径达杆件宽度的 0.15 倍或达 30 mm 或边缘有损伤 |
| C | 小于上述值 | 小于上述值 | 小于上述值 | 小于上述值 | 小于上述值 | 小于上述值 | 小于上述值且边缘无伤损 |

8. 钢梁梁端顶死(孔)、钢梁高强度螺栓失效(处)、钢梁腐蚀劣化(孔)

| | | | | | |
|---|---|---|---|---|---|
| 类型等级 | (1)钢梁梁端顶死 | (2)主桁节点对接接头失效 | (3)联结系螺栓松动 | (4)纵梁受压翼缘，主梁上翼缘腐蚀 | (5)易积尘、水，受拉杆件水平板件处、平联节点板腐蚀 |
| AA | 梁端顶紧已造成梁体变形或墩台混凝土溃碎或严重裂缝 | 螺栓失效数量 $n$ 达节点螺栓总数的 15%及以上 | | 受压板件断面消弱 >20% | |

续上表

| | | | | | |
|---|---|---|---|---|---|
| A1 | 相邻跨梁端或梁端与墩台顶紧 | 10% $\leq n < 15\%$ | | 受压板件断面消弱$\leq 20\%$ | |
| B | ①相邻跨人行道顶紧；②相邻跨梁端或梁端与墩台间隙小于2 mm，有顶紧的可能 | 5% $\leq n < 10\%$ | 有松动 | | 蚀坑深达 3 mm |
| C | | $n < 5\%$ | | | 一般腐蚀 |

9. 钢梁梁端伸缩装置劣化

| 类型等级 | （1）温度效应（个） | （2）连杆及连杆座（个） | 其他（项） |
|---|---|---|---|
| AA | 夏季滑动钢枕的中心距小于 385 mm；冬季滑动钢枕的中心距大于 635 mm | 连杆座脱落或连杆折断，影响钢梁梁端伸缩装置的使用功能 | |
| A1 | 主要受力构件裂纹、连接螺栓折断 | 连杆座、连杆裂纹，连杆卡死但不影响钢梁梁端伸缩装置使用功能 | 位移箱内的承压支座、压紧支座失效或吊架、支撑梁功能丧失影响伸缩装置的使用功能 |
| B | 相邻两梁枕间的净距最大偏差达到 25 mm | 连杆座、连杆螺栓松动、脱落 | 橡胶挡砟块破损、螺栓松动或钢构部分锈蚀但不影响伸缩装置的使用功能 |

10. 阻尼器劣化

| 类型等级 | （1）液压阻尼器（个） | （2）其他（个） |
|---|---|---|
| AA | 缸体或活塞杆脱焊、开裂；影响阻尼器使用功能 | |
| A1 | 阻尼器联结螺栓松动、脱落；影响阻尼器正常工作 | |

续上表

| | | | |
|---|---|---|---|
| B | 阻尼器与耳板连接处螺栓松动以及锚碇螺栓松动 | 防尘罩缺失或损坏 | |
| 11. 钢梁斜拉索劣化(处) | | | |
| 类型等级 | (1)拉索 PE 护套 | (2)拉索 | (3)锚具 |
| AA | | 振动明显(特别是下雨、大风时)减振措施(两端阻尼减振器)失效 | 渗水、生锈,周围混凝土开裂,有锈水流出痕迹 |
| B | 开裂、裂纹、膨胀和变形现象 | | |
| 12. 桥梁承载能力及限界(包括钢梁和混凝土梁拱)(孔) | | | |
| 类型等级 | (1)结构或构件现有承载力不足 | (2)钢梁疲劳累积损伤 | (3)桥梁限界不足 |
| AA | $K<1$ 且 $K<Q$ | $D\geqslant1.0$ | |
| A1 | $K<1$ 且 $K>Q$ | $1.0>D\geqslant0.8$ | 实际限界侵入规定的高速铁路建筑限界(曲线时按规定加宽)不超过 30 mm |
| B | | $0.8>D\geqslant0.5$ | |
| C | | $0.5>D\geqslant0.2$ | |

注:$K$ 为检定承载系数,$K=k/k_{ZK}$;$Q$ 为运行活载的活载系数,$Q=k_0/k_{ZK}$,式中:$k$——梁跨的容许换算均布活载,$k_0$——运行活载的换算均布活载,计入冲击系数;$k_{ZK}$——ZK 的换算均布活载,计入冲击系数。

钢梁疲劳累积损伤:$D=\Sigma\frac{n_i}{N_i}=\frac{n_1}{N_1}+\frac{n_2}{N_2}+\cdots+\frac{n_n}{N_n}\cdots$,式中:$n_i$——相应于运营应力谱中 $\sigma_i$ 的应力循环次数。$N_i$——相应于 $\sigma_i$ 的应力循环破坏次数。

续上表

| (三)混凝土梁拱劣化等级评定(孔) | | | | | |
|---|---|---|---|---|---|
| 13. 混凝土梁拱劣化 | | | | | |
| 类型等级 | (1)防排水设施失效 | (2)混凝土裂缝 | (3)混凝土劣化 | (4)梁体损伤 | (5)钢筋锈蚀 |
| AA | | ①钢筋混凝土梁、板竖向、主拉应力方向裂缝宽度≥0.5 mm;<br>②预应力梁有竖向及主拉应力方向的裂缝;<br>③预应力梁纵向裂缝≥0.3 mm并有发展 | | ①梁体混凝土局部溃碎及主筋变形、断裂;<br>②梁体支承部位混凝土局部溃碎;<br>③保护层脱落,已危及桥下行人及交通安全 | ①钢筋混凝土梁主筋严重锈蚀,锈蚀量超过所在截面主筋6%;<br>②预应力钢筋表面已有锈坑 |
| A1 | ①桥面板、主梁、锚具及其封堵渗水并伴有锈迹;<br>②道砟槽严重积水溢出梁体;<br>③梁体表面泛白浆;<br>④拱桥渗水、漏水。 | ①钢筋混凝土梁、板裂缝宽度0.3~0.5 mm;<br>②预应力梁纵向裂缝宽度0.2~0.3 mm或封端混凝土开裂;<br>③混凝土拱圈横、斜向裂缝宽度达0.3 mm,纵向裂缝宽度>0.5 mm;<br>④框构裂缝宽度>0.5 mm。 | ①混凝土中性化深度普遍超过25 mm;<br>②碱—集料反应导致沿管道或主筋裂缝;<br>③混凝土表面大面积粉化 | 梁体混凝土有溃碎脱落迹象 | ①钢筋混凝土梁沿主筋出现严重纵向裂缝,流出锈;<br>②混凝土保护层鼓起,敲击发出空响;<br>③构造筋锈蚀已有断面缺损;<br>④预应力管道外露,预应力筋已有浮锈 |

续上表

| 类型等级 | (1)防排水设施失效 | (2)混凝土裂缝 | (3)混凝土劣化 | (4)梁体损伤 | (5)钢筋锈蚀 |
|---|---|---|---|---|---|
| B | ①梁体泄水孔附近长期潮湿,泄水管损坏或腐蚀严重;<br>②道砟槽积水 | ①钢筋混凝土梁、板竖、纵向裂缝宽度 0.2~0.3 mm,主拉应力裂缝宽度 0.1~0.3 mm,其他裂缝宽度 >0.2 mm;<br>②预应力梁纵向裂缝宽度 <0.2 mm;<br>③混凝土拱圈横、斜向裂缝宽度 0.2~0.3 mm,纵向裂缝宽度 0.3~0.5 mm;<br>④框构桥裂缝宽度 0.2~0.5 mm | ①中性化深度超过 20 mm;<br>②混凝土表面开始粉化有发展趋势;<br>③混凝土内部有空洞 | 梁体混凝土局部缺损(掉角及少量露筋等) | ①构造筋有局部锈蚀或因保护层过薄有外露;<br>②预应力管道外露但钢筋未锈 |
| C | 泄水管泄水不畅 | ①钢筋混凝土梁、板竖、纵向裂缝宽度 <0.2 mm,主拉应力裂缝宽度 <0.1 mm;<br>②混凝土拱圈横、斜向裂缝宽度 <0.2 mm,纵向裂缝宽度 <0.3 mm | ①混凝土表面有细微网状裂缝;<br>②混凝土表面蜂窝麻面;<br>③混凝土保护层不足 | | 梁体表面偶有锈迹 |

续上表

| 类型等级 | (6)湿接缝、横隔板开裂 | (7)上拱度异常 | (8)梁体不能自由伸缩 | (9)道砟厚度不足或超厚 |
|---|---|---|---|---|
| AA | 湿接缝、横隔板开裂达总量1/2及以上，已危及行车安全 | | 相邻跨梁端或梁端与桥台顶紧、底座板顶紧 | |
| A1 | 湿接缝、横隔板开裂未达总量的1/2 | 跨度大于50 m简支梁上拱度超过1/5 000且不大于20 mm；跨度不大于50 m简支梁上拱度超过10 mm | 相邻跨梁人行道顶紧；相邻跨梁端或梁端与墩台间隙小于30 mm，有顶紧的可能 | 跨中道砟厚度不足300 mm，或超过450 mm（框构桥除外） |
| B | 个别湿接缝、横隔板混凝土裂缝宽度≥0.3 mm | | 相邻跨其他附属结构顶紧 | |
| C | 个别隔板混凝土有裂缝，宽度小于0.3 mm | | | |
| （四）支座劣化等级评定（个） | | | | |
| 14. 未按规定（包括规格和位置）安装各种支座，均评定为A1级 | | | | |

续上表

| 15. 支座劣化 | | | | | | | | |
|---|---|---|---|---|---|---|---|---|
| 类型等级 | (1)钢件裂纹及变形 | (2)钢件脱焊 | (3)聚四氟乙烯板磨损(凸出钢衬板高 $h$) | (4)位移超限 | (5)转角超限 | (6)锚栓剪断 | (7)钢件锈蚀 | (8)上下座板与梁底及支承垫石不密贴或垫石劣化 |
| AA | 主要部件折断 | 主要受力部位脱焊 | $h \leqslant 0.2$ mm | | | 剪断数量达25% | | |
| A1 | 裂缝深度达10 mm | | 0.2 mm $< h <$ 0.5 mm | 聚四氟乙烯板脱出不锈钢板达10 mm | 超出设计转角20%以上 | 剪断数量小于25% | | 支承垫石裂损,影响支座受力 |
| B | 裂纹深度达5 mm但小于10 mm | 非主要受力部位脱焊 | 0.5 mm $\leqslant h <$ 1 mm | 聚四氟乙烯板脱出不锈钢板小于10 mm | 超出设计转角10%~20% | | | 上下座板与梁底及支承垫石不密贴,支座下翻浆积水 |
| C | 微裂 | | | | 超出设计转角小于10% | | 钢件锈蚀 | |

续上表

| (五)防落梁挡块劣化等级评定(个) | | | | | | |
|---|---|---|---|---|---|---|
| 16. 防落梁装置劣化 | | | | | | |
| 类型等级 | (1)挡块与支承垫石之间的空隙 | (2)挡块与墩台顶面空隙 | (3)未按规定安装挡块 | (4)墩顶相邻跨挡块空隙 | (5)螺栓缺少、失效 | |
| A1 | 活动支座旁挡块与支承垫石之间的空隙小于5 mm | 活动支座旁挡块与墩台顶面顶死 | 未按规定安装挡块或挡块丢失 | 墩顶相邻跨挡块连接板椭圆孔空隙不足,挡块受力影响梁体伸缩 | 螺栓缺少、失效达25% | |
| B | 挡块与支承垫石之间的空隙大于40 mm | | | | 螺栓缺少、失效小于25% | |
| (六)墩台劣化等级评定(个,见墩台图) | | | | | | |
| 17. 墩台劣化 | | | | | | |
| 类型等级 | (1)从基础发展至墩台身的竖向裂缝 | (2)复线墩台中间竖向裂缝 | (3)墩台身的竖向裂缝 | (4)墩台水平裂缝 | (5)支承垫石下竖向裂缝 | (6)墩顶面裂缝 |
| A1 | 裂缝有发展(图3-3-9) | 裂缝有发展(图3-3-10) | 裂缝向墩帽或基础有发展(图3-3-11) | 列车作用下裂缝有开合现象(图3-3-12) | 裂缝有发展和开合现象(图3-3-13) | |
| B | 裂缝无发展(图3-3-9) | 裂缝无发展(图3-3-10) | 裂缝无发展(图3-3-11) | 裂缝无开合现象(图3-3-12) | 裂缝无发展和开合现象(图3-3-13) | 放射状裂缝(图3-3-14) |

续上表

| 类型等级 | (7)墩台变位(倾斜、滑动、沉陷、冻起) | (8)墩台身混凝土内部空隙 | (9)墩台身腐蚀剥落 | (10)墩台身断裂 | (11)空心墩台内积水 |
|---|---|---|---|---|---|
| AA | 变位影响桥上线路轨道几何状态超限或导致支座状态劣化达 AA 级 | | 大面积腐蚀剥落达墩台身截面积 5% 以上 | 墩台身断裂(水平裂缝环向裂通) | |
| A1 | 变位引起梁端顶死或导致支座状态劣化达 A1 级 | 影响墩台正常使用 | 局部腐蚀剥落小于墩台身截面积的 5% | | 空心墩台内积水引起冻胀 |
| B | 变位未造成上述病害 | 内部有空隙 | | | 空心墩台有积水 |

| 类型等级 | (12)基础或承台腐蚀、风化、剥落、空洞(桩基除外) | (13)桩基础断裂、腐蚀、缺损 |
|---|---|---|
| AA | 导致墩台变位,影响行车安全 | 影响承载能力、引起沉降 |
| A1 | 侵入刚性角 | |
| B | 深度 > 30 mm 且面积 > 0.3 $m^2$,未侵入刚性角 | |

注:墩台劣化等级评定各表中裂缝指宽度超过《高速铁路桥隧建筑物修理规则》表 3.6.6 规定限值的裂缝

续上表

| (七)桥渡水文劣化等级评定(有关符号含义见图 3-3-15) | | | | | |
|---|---|---|---|---|---|
| 18. 桥下净空、孔径及墩台基础过洪能力劣化 | | | | | |
| 类型等级 | (1)桥下净空不足(座) | | (2)桥墩台基础埋置深度不足(个) | | (3)河道变迁(包括主槽摆动,流向改变)(座) |
| | 劣化程度 | 净空判别比 $\lambda_{ha}$ | 劣化程度 | 埋深判别比 $\lambda_H$ | |
| AA | 洪水水位接近或平梁底 | $\lambda_{ha} < 0$ | 河床冲刷严重,墩台基础埋深严重不足 | $\lambda_H \leqslant 0.6$ | |
| A1 | 孔径不能通过规定频率的洪水 | $0 \leqslant \lambda_{ha} < 0.2$ | 墩台基础埋深不满足规定值 | $0.6 < \lambda_H < 1.0$ | ①导致水流冲向路基而无防护者;<br>②河道严重淤积、下切以及朔源冲刷 |
| B | 桥下净空不足,漂浮物通过受阻,出现阻拦现象 | $0.2 \leqslant \lambda_{ha} < 0.8$ | | | |
| C | 漂浮物通过受阻,但能通过,不需打捞 | $0.8 \leqslant \lambda_{ha} < 1.0$ | | | |

注:$\lambda_{ha} = \frac{h_a'}{h_a}$,$\lambda_H = \frac{\Delta H'}{\Delta H}$。式中符号含义及评定方法见《桥隧建筑物劣化评定标准》(简称《劣化标准》TB/T 2820.7)。$h_a'$——桥下实际净空高度(m);$h_a$——检规表 9.3.2 规定之桥下净空高度(m)。$\Delta H'$、$\Delta H$ 含义见桥渡水文图(图 3-3-15)。

续上表

| 19. 导治(河调)及防护设施劣化(处) | | | | | |
|---|---|---|---|---|---|
| 类型等级 | (1)导治(河调)设施 | 防护设施 | | | |
| | | (2)护锥损坏 | (3)整孔防护体损坏 | (4)墩台局部平面防护体损坏 | |
| | | | | 劣化程度 | 高程判别比 $\lambda_{\Delta hp}$ |
| AA | | | 防护体冲毁 | 防护体冲毁 | $\lambda_{\Delta hp} \geq 0.4$ |
| A1 | 冲毁或未按规定设置 | 冲毁 | 局部冲坏,有危及上下游垂裙安全的冲坑 | 防护体局部冲坏 | $0.4 > \lambda_{\Delta hp} > 0.2$ |
| B | 局部冲坏 | 局部冲坏,明显下沉 | | | |

注:$\lambda_{\Delta hp} = \dfrac{\Delta h_p'}{\Delta h_p}$,式中符号含义及评定方法见《劣化标准》(TB/T 2820.7)。$\Delta h_p'$、$\Delta h_p$ 含义见桥渡水文图(图 3-3-15)

(八)隧道劣化等级评定

| 20. 隧道衬砌裂损及渗漏水劣化(处/m) | | | | |
|---|---|---|---|---|
| 类型等级 | (1)衬砌变形或移动 | (2)衬砌开裂、错动 | (3)衬砌压溃 | (4)衬砌渗漏水 |
| AA | 山体滑动使衬砌移动、变形、下沉发展迅速,危及行车安全;变形或移动速率 > 10 mm/年 | ①开裂、错台长度 $L \geq 3$ m,宽度 $\delta > 5$ mm;<br>②开裂、错台使衬砌呈块状,且有发展 | 拱部压溃有掉块可能;边墙压溃范围大于 1 $m^2$ | 隧底冒水、拱部滴水成线、严寒地区边墙淌水,翻浆冒泥严重,道床下沉、上拱,不能保持轨道几何尺寸,影响正常运行 |
| A1 | 变形或移动速率 $V \geq 3$ mm/年 | 开裂、错台长度 $L < 3$ m,且宽度 5 mm $\geq \delta \geq$ 3 mm | 边墙压溃范围小于 1 $m^2$、或有掉快可能 | 隧道滴水、淌水、渗水及排水不良引起道床翻浆冒泥 |

| 类型等级 | (1)衬砌变形或移动 | (2)衬砌开裂、错动 | (3)衬砌压溃 | (4)衬砌渗漏水 |
|---|---|---|---|---|
| B | 有变形,但速率 $V<3$ mm/年 | 开裂、错台长度 $L<3$ m,且宽度 $<3$ mm 或一般龟裂或无发展 | 边墙压溃范围小 | 漏水使基床状态恶化,钢轨腐蚀 |

21. 隧道冻害、衬砌腐蚀劣化(处/m)

| 类型等级 | (1)隧道冻害 | (2)混凝土衬砌厚度不足 | (3)混凝土衬砌强度不足 |
|---|---|---|---|
| AA | 冰楔和围岩冰胀的反复作用使衬砌变形、开裂并构成纵横交错的裂缝 | 因施工缺陷或腐蚀致使衬砌厚度 $h_i/h<0.60$,且长度≥3 m | 因施工缺陷或腐蚀致使衬砌混凝土强度 $q_i/q<0.65$,且长度≥3 m |
| A1 | ①冻害致使洞内排水设备破坏;<br>②冻融使道床翻浆冒泥、轨道几何状态恶化;<br>③冻害造成衬砌变形、开裂,但未形成纵横交错裂缝 | ①衬砌厚度 $h_i/h<0.60$,且长度<3 m;<br>②衬砌有效厚度 $0.60\leq h_i/h<0.75$,且长度≥3 m | ①衬砌混凝土强度 $q_i/q<0.65$,且长度<3 m<br>②混凝土强度 $0.65\leq q_i/q<0.75$,且长度≥3 m |
| B | | ①衬砌有效厚度 $0.60\leq h_i/h<0.75$,且长度<3 m;<br>②衬砌有效厚度 $0.75\leq h_i/h<0.90$,且长度≥3 m | ①混凝土强度 $0.65\leq q_i/q<0.75$,且长度<3 m;<br>②混凝土强度 $0.75\leq q_i/q<0.85$,且长度≥3 m |
| C | | ①衬砌有效厚度 $0.75\leq h_i/h<0.90$,且长度<3 m;<br>②衬砌有效厚度 $1>h_i/h\geq0.9$;<br>③衬砌有剥蚀 | ①混凝土强度 $0.75\leq q_i/q<0.85$,且长度<3 m;<br>②混凝土强度 $1>q_i/q\geq0.85$ |

续上表

| 类型等级 | (1)隧道冻害 | (2)混凝土衬砌厚度不足 | (3)混凝土衬砌强度不足 |
|---|---|---|---|
| 注：$q_i$ 为检测断面衬砌混凝土测点的平均强度；$q$ 为设计衬砌混凝土强度；$h_i$ 为检测衬砌厚度，当衬砌混凝土存在内部缺陷时，检测衬砌厚度应换算为有效衬砌厚度，即将检测衬砌厚度减去内部缺陷削弱的部分厚度；$h$ 为设计衬砌厚度；长度指沿隧道纵向连续长度 | | | |

22. 隧道通风设施劣化，仰坡、洞底及排水设施劣化

| 类型等级 | (1)通风不良(座) | (2)仰拱及铺底损坏(处/m) | (3)排水设施(处/m) | (4)坍方落石(处/m) |
|---|---|---|---|---|
| AA | | 仰拱变形损坏及铺底损坏影响线路稳定等 | ①未按规定设置隧道内、外排水设施；<br>②隧道内外排水设施严重损坏，造成隧道内漏水或影响道床稳定 | 洞口仰坡坍方落石；<br>洞口仰坡有危石未处理 |
| A1 | ①有害气体浓度超过容许值且未设通风机械；<br>②机械不能使用 | 仰拱变形损坏及铺底损坏 | 隧道内、外排水设施损坏 | 洞口仰坡防护设施损坏 |
| B | 通风机械不能正常使用 | | | |

23. 救援通道

| 类型等级 | (1)作业通道 | (2)出口通道衬砌变形或移动 | (3)出口通道衬砌开裂、错动 | (4)出口通道衬砌压溃 |
|---|---|---|---|---|
| A1 | 作业通道严重失修，危及人身安全 | 变形或移动速率 $V>10$ mm/年，有新的变形出现 | 开裂、错台宽度 $\delta \geqslant 3$ mm | 压溃范围 $S \geqslant 1\ m^2$ 或有可能掉块 |

续上表

| 类型等级 | (1)作业通道 | (2)出口通道衬砌变形或移动 | (3)出口通道衬砌开裂、错动 | (4)出口通道衬砌压溃 |
|---|---|---|---|---|
| B | | 变形或移动速率 10 mm/年 $\geq V \geq$ 3 mm/年 | 开裂、错台长度 $L<3$ m,且宽度 <3 mm 或一般龟裂或无发展状态 | 压溃范围 $S<1\ m^2$,剥落块体厚度小于 3 cm |

(九)涵洞劣化等级评定(座)

24. 涵洞劣化

| 类型等级 | (1)开裂(裂缝宽度 $b$) | (2)下沉、错位 | (3)基底淘空 | (4)腐蚀风化 | (5)渗漏水 | (6)孔径不足 | (7)交通涵积水 | (8)防护设备损坏 |
|---|---|---|---|---|---|---|---|---|
| AA | ①盖板涵盖板变形严重,局部压溃;②圆涵沿轴向开裂贯通、错台,危及行车安全 | ①涵洞变形、错位、拉开漏土,影响路基稳定;②冻害引起线路变形 | 基底冒水潜流影响路基稳定 | | | 涵前积水升高,浸泡路基,危及行车安全 | | 冲毁 |
| A1 | 钢筋混凝土结构裂缝宽度 $b \geq$ 0.3 mm | 涵身破损变形、错位、拉开造成漏土或排水不畅 | 涵身、端、翼墙基础局部冲坏、基底局部冲空 | 严重腐蚀风化、脱落深度 ≥20 mm,面积 $\geq 0.5\ m^2$ | ①防水层严重失效;②盖板涵端部冒浆 | 淤积严重影响排洪 | 积水严重影响行人及车辆通行 | 部分损坏 |
| B | 钢筋混凝土结构裂缝宽度 $b<0.3$ mm | | | 腐蚀、风化、脱落深度 <20 mm,面积 $<0.5\ m^2$ | 局部渗漏水 | 轻度淤积影响排水 | 积水,不影响车辆通行 | |

续上表

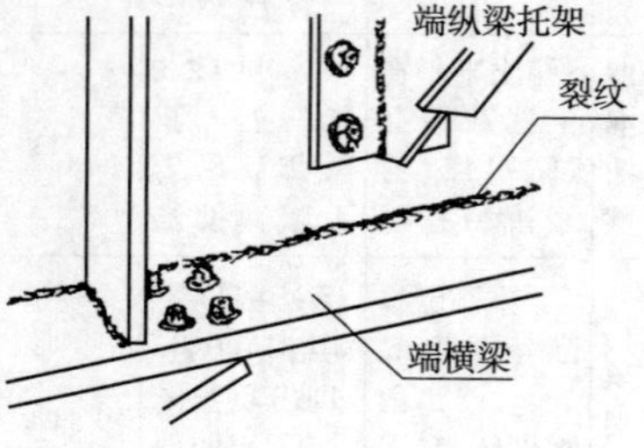


图 3-3-1

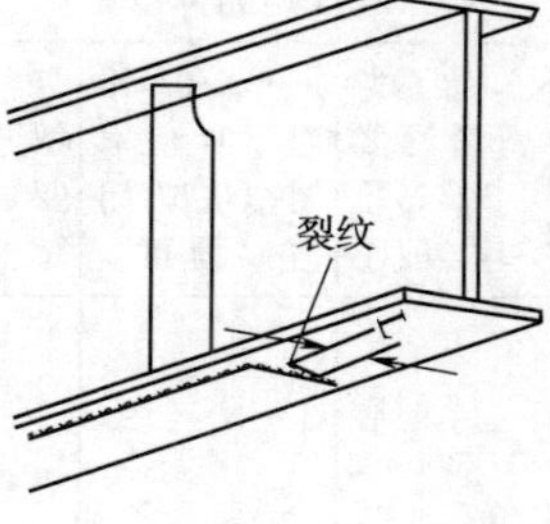


图 3-3-2

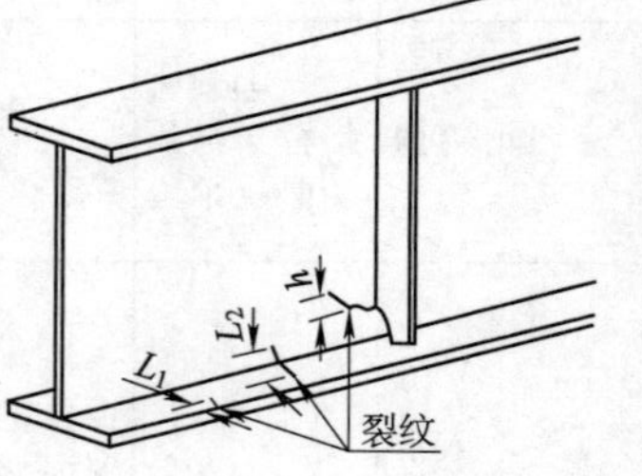


图 3-3-3、图 3-3-4

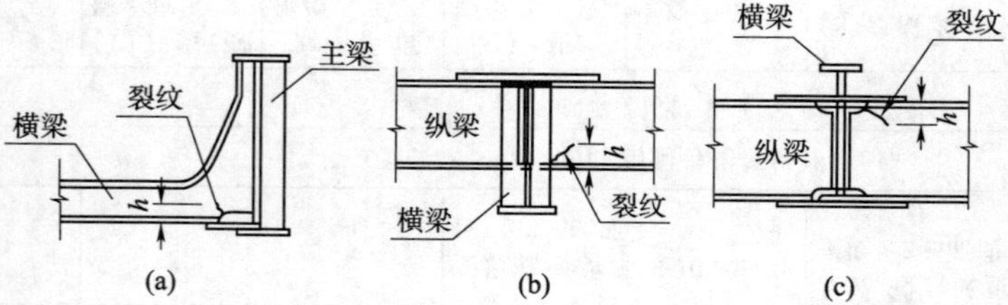


图 3-3-5

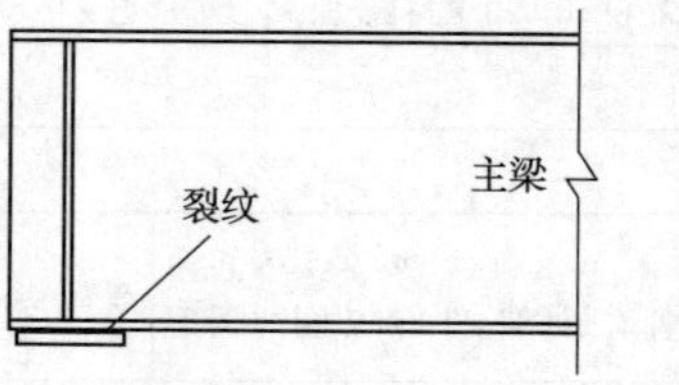


图 3-3-6

续上表

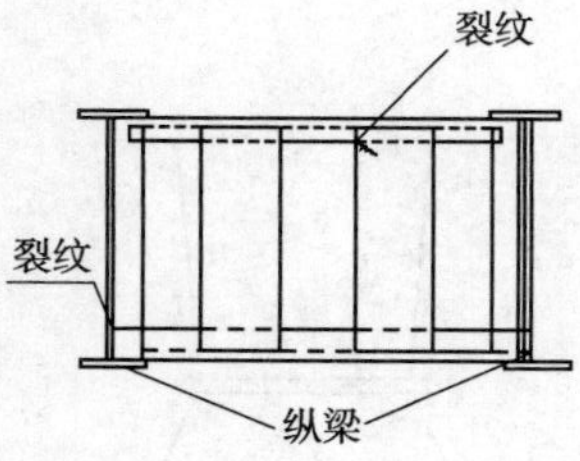


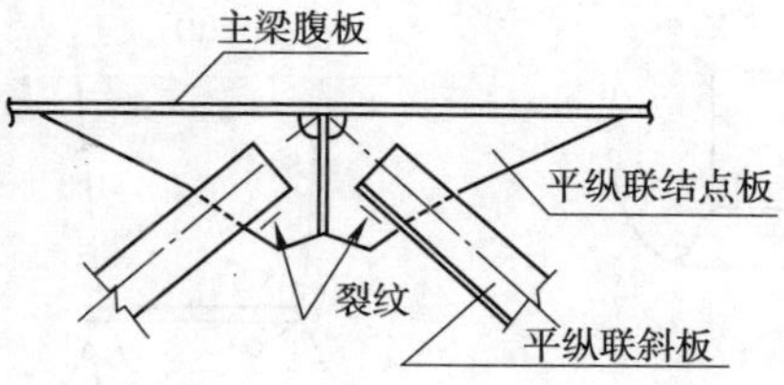


图 3-3-7

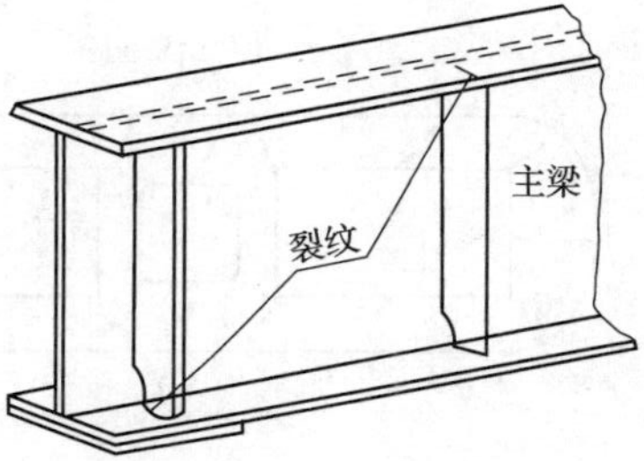


图 3-3-8

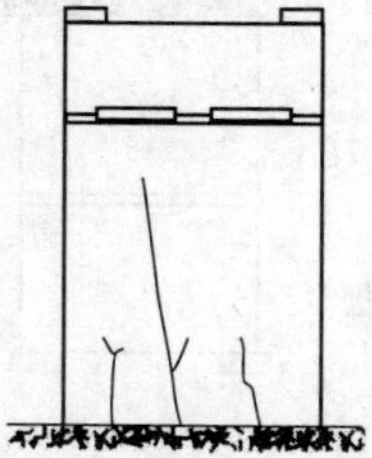

图 3-3-9

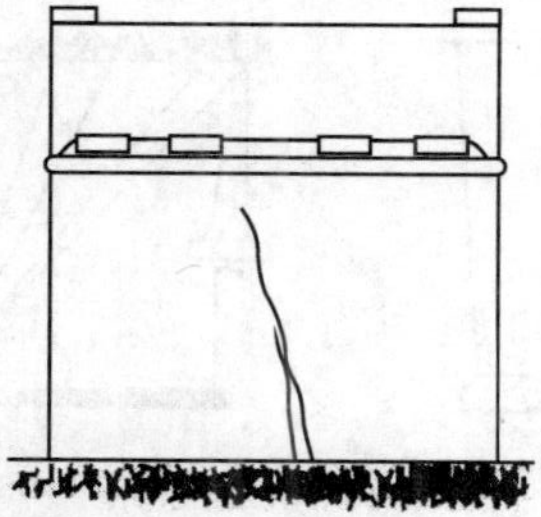

图 3-3-10

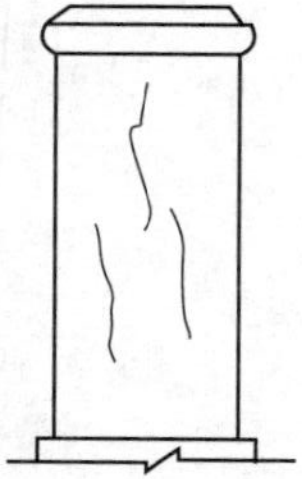

图 3-3-11

图 3-3-12

续上表

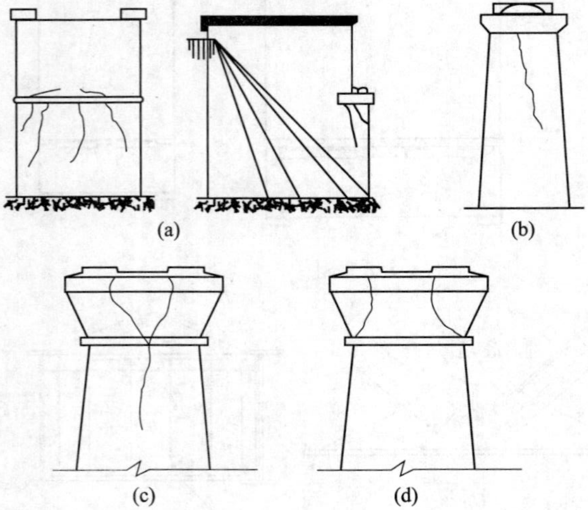

图 3-3-13

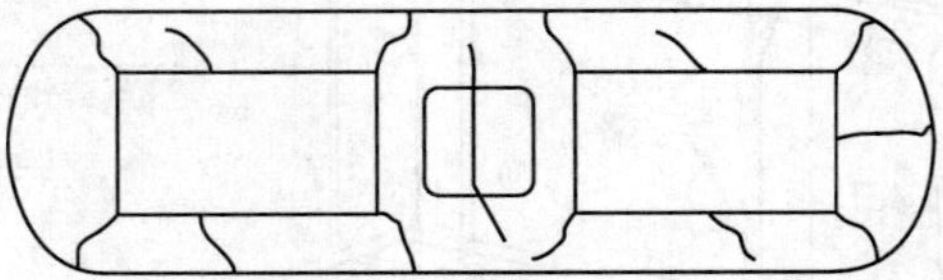
图 3-3-14

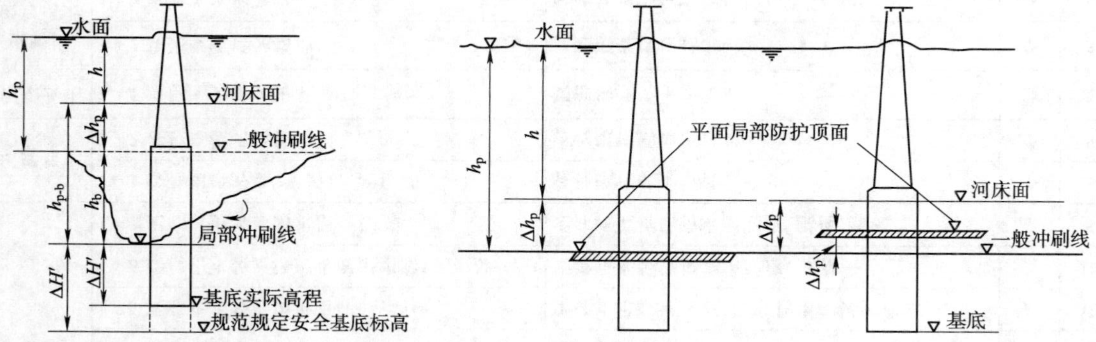


$\Delta H'$——桥墩台基础最大冲刷时实际埋置深度，即评定洪水条件下计算的或大洪水（其频率接近或超过评定洪水频率）实测的桥墩台附近河床最低点高程与基础底面实际高程之差（m）；

ΔH——墩台基底最小埋深或基底埋置安全值；　　$h$——冲刷前不深；

$h_p$——一般冲刷冲止时水深；　　$\Delta h_p$——一般冲刷深度；

$h_p$——局部冲刷深度；

$h_{p-b}$——总冲刷深度，$h_{p-b}=\Delta h_p+h_b$

$\Delta h_p'$——防护顶面高出一般冲刷线的实际高度（m）；防护顶面平一般冲刷线，$\Delta h_p'$为 0；防护顶面高于一般冲刷线，$\Delta h_p'$为正；顶面低于一般冲刷线，$\Delta h_p'$为负。

图 3-3-15

## 二、高速铁路桥隧建筑物保养质量评定标准(表 3-3-2)

**表 3-3-2　高速铁路桥隧建筑物保养质量评定标准**

| 项目 | 保养标准 | 扣分条件 | 单位 | 扣分 |
|---|---|---|---|---|
| 1. 桥面 | 1－1 作业通道板无缺少,无失效 | 作业通道板缺少、失效 | 10 块 | 5 |
| | 1－2 有砟桥面排水孔篦子无缺少 | 排水孔篦子缺少 | 个 | 5 |
| | 1－3 横向过水孔、竖向泄水孔通畅,能有效排水 | 过水孔、泄水孔堵塞、破损、孔高于桥面或漏水 | 个 | 5 |
| | 1－4 防护墙(挡砟墙) | 防护墙破损掉块 | 处 | 5 |
| | 1－5 梁缝止水装置内无石砟、杂物 | 梁缝止水装置内石砟、杂物影响梁体伸缩 | 条 | 10 |
| | 1－6 梁缝止水装置橡胶带固定牢固、无破裂 | 梁缝止水装置橡胶带脱落、破裂 | 条 | 10 |
| | 1－7 无砟轨道桥面防水层完好 | 无砟轨道桥面防水层起皮、脱落 | $m^2$ | 5 |
| 2. 螺栓 | 2－1 各种螺栓齐全,无折断,无松动 | 各种螺栓缺少、折断、松动 | 个 | 5 |
| | 2－2 各种螺栓无锈蚀 | 各种螺栓锈蚀超过 5% | 个 | 5 |
| 3. 钢梁及钢结构(含结合梁、钢管拱、直接与钢梁相连的梁端伸缩装置) | 3－1 涂层无大于 25 $cm^2$ 的局部锈蚀 | 局部锈蚀大于 25 $cm^2$ | 处 | 5 |
| | 3－2 高强度螺栓无松动 | 高强度螺栓松动、缺少 | 个 | 5 |
| | 3－3 腻缝无开裂、流锈 | 腻缝开裂、脱落、流锈 | 处 | 5 |
| | 3－4 梁体各部清洁 | 梁体有灰渣,尘土堆积 | m | 5 |

续上表

| 项目 | 保养标准 | 扣分条件 | | 单位 | 扣分 |
|---|---|---|---|---|---|
| 3. 钢梁及钢结构(含结合梁、钢管拱、直接与钢梁相连的梁端伸缩装置) | 3－5 连杆系统活动灵活 | 钢枕间距相对超差大于25 mm | | 处 | 5 |
| | 3－6 连杆系统无锈蚀 | 连杆、联结螺栓、连杆座锈蚀 | | 处 | 5 |
| | 3－7 连杆系统螺栓无缺少、松动,螺杆无折断 | 连杆系统螺帽缺少、松动,螺杆折断 | | 处 | 10 |
| 4. 梁拱及墩台 | 4－1 梁拱及墩台裂缝注浆饱满 | 未注浆或不饱满延长0.5 m以上 | | 处 | 5 |
| | 4－2 表面无缺损、露筋 | 掉块、露筋 | | 处 | 5 |
| | 4－3 梁缝内无石砟 | 梁缝夹石砟、杂物影响梁体伸缩 | | 条 | 10 |
| | 4－4 排水管路通畅 | 排水管失效、缺失 | | 个 | 5 |
| | 4－5 梁内、空心墩台内无积水 | 梁内、墩台顶、空心墩台内积水 | 一般地区 | 个 | 5 |
| | | | 寒冷、严寒地区 | 个 | 10 |
| 5. 支座 | 5－1 支座清洁、摩擦副滑动状态良好 | 支座不洁,活动部分摩擦副有灰尘或污物 | | 个 | 5 |
| | 5－2 橡胶密封件无老化、局部挤出 | 橡胶密封件老化开裂、局部挤出 | | 个 | 5 |
| | 5－3 支座螺帽无缺少、松动,螺杆无折断 | 支座螺帽缺少、松动,螺杆折断 | | 个 | 5 |
| | 5－4 支座钢件无锈蚀、裂纹 | 钢件锈蚀、裂纹深度<10 mm | | 个 | 5 |
| | | 钢件锈蚀、裂纹深度≥10 mm,主要受力部位焊缝脱焊 | | 个 | 10 |

续上表

| 项目 | 保养标准 | 扣分条件 | 单位 | 扣分 |
|---|---|---|---|---|
| 5. 支座 | 5－5 上下座板与梁体及支承垫石间密贴 | 不密贴，用 1 mm 塞尺插入深度超过 50 mm | 个 | 10 |
| | 5－6 支座灌浆料无开裂、局部破碎 | 灌浆料开裂、局部破碎 | 个 | 5 |
| | 5－7 支承垫石无开裂、积水、翻浆 | 支承垫石开裂、积水、翻浆 | 个 | 5 |
| | 5－8 防尘罩完好，橡胶无老化、外翻 | 防尘罩缺少，橡胶密封件老化、外翻 | 个 | 5 |
| 6. 防落梁挡块 | 6－1 挡块、螺栓齐全完好 | 挡块缺少 | 个 | 10 |
| | | 螺栓缺少 | 个 | 5 |
| | 6－2 挡块与支承垫石、墩台顶面之间的空隙满足要求 | 活动支座旁挡块与支承垫石、墩台顶面顶死 | 个 | 10 |
| | 6－3 墩顶相邻跨挡块连接板椭圆孔空隙满足梁体自由伸缩要求 | 墩顶相邻跨挡块连接板椭圆孔空隙不足，挡块受力影响梁体伸缩 | 个 | 10 |
| 7. 吊杆、拉索 | 7－1 拱吊杆、斜拉桥拉索锚具防护完好、无锈蚀 | 拱吊杆、斜拉桥拉索锚具防护罩损坏、缺失 | 个 | 10 |
| | | 拱吊杆、斜拉桥拉索锚具锈蚀 | 个 | 10 |
| | | 拱吊杆、斜拉桥拉索锚具防护罩内防腐油脂不饱满 | 个 | 5 |
| | 7－2 拱吊杆、斜拉桥拉索防护套完好 | 拱吊杆、斜拉桥拉索防护套破裂、局部脱落 | 个 | 10 |
| | 7－3 阻尼器工作状态良好 | 阻尼器锈蚀、漏油、螺栓缺失、断裂 | 个 | 10 |
| 8. 涵洞 | 8－1 涵洞排洪顺畅 | 涵内淤积轻微，不影响排洪 | 座 | 5 |
| | | 涵内淤积严重，影响排洪 | 座 | 10 |

续上表

| 项目 | 保养标准 | 扣分条件 | 单位 | 扣分 |
|---|---|---|---|---|
| 8. 涵洞 | 8－2 涵洞、倒虹吸管节接缝(沉降缝)完好 | 接缝脱落 | 处 | 5 |
| | | 漏土、漏泥浆、漏水 | 处 | 10 |
| | | 沉降缝渗漏 | 处 | 5 |
| | | 沉降缝及其附近混凝土开裂,裂缝贯通 | 处 | 10 |
| | 8－3 倒虹吸井口设施齐全 | 缺少井口盖板或拦污栅或闸门 | 处 | 10 |
| | 8－4 混凝土表面无缺损 | 剥落掉块露筋 | 处 | 5 |
| 9. 隧道 | 9－1 隧道水沟、盲沟、盲管畅通 | 水沟、盲沟、盲管淤积、堵塞等影响排水 | m | 5 |
| | 9－2 侧沟、中心水沟盖板齐全完好 | 盖板缺少、损坏 | 块 | 5 |
| | 9－3 隧道内无结冰侵限 | 结冰侵限 | 处 | 10 |
| 10. 桥梁救援通道 | 10－1 平台顶面与桥面遮板之间的缝隙正常 | 平台顶面与桥面遮板挤压 | 处 | 10 |
| | 10－2 栏杆、边框钢管与梯板连接牢固 | 栏杆、边框钢管与梯板联结螺栓松动、缺失、锈蚀、断裂 | 处 | 10 |
| | 10－3 安全防护罩无锈蚀、损坏 | 安全防护罩锈蚀、损坏 | 处 | 5 |
| | 10－4 围墙墙体无裂缝、变形,排水通畅、无积水 | 围墙墙体裂缝、变形,排水管堵塞、围墙内地面积水 | 处 | 5 |
| 11. 其他 | 11－1 河道排水通畅 | 桥涵上下游规定范围内泥石淤积影响排洪 | 座 | 10 |
| | 11－2 防护砌体状态完好 | 局部损坏,影响设备稳定 | 处 | 10 |

续上表

| 项目 | 保养标准 | 扣分条件 | 单位 | 扣分 |
|---|---|---|---|---|
| 11. 其他 | 11－2 防护砌体状态完好 | 每平方米范围内勾缝脱落 | 处 | 5 |
| | 11－3 栏杆、作业通道板、空心墩检查梯、吊篮围篮等安全检查设备完好 | 栏杆、作业通道板、安全检查设备严重失修，危及人身安全 | 处 | 10 |
| | 11－4 限高防护架、墩身安检、防护设备完好 | 损坏、脱焊等 | 处 | 10 |
| | 11－5 限高防护架、墩身安检、防护设备涂装完好 | 涂装失效 | 处 | 5 |
| | 11－6 各种标志齐全、完好、清晰 | 桥涵标、水位标、限高防护架限高标志、涂装大修年度标志，病害观测标等各种标志缺少、破坏、不清晰 | 处 | 5 |

## 三、高速铁路桥隧建筑物修理作业验收标准（表 3-3-3）

**表 3-3-3　高速铁路桥隧建筑物修理作业验收标准**

| 分类 | 工作项目 | 质量标准 | 附注 |
|---|---|---|---|
| 1. 桥面 | 1－1 无砟轨道桥面防水层 | （1）基面平整无坑洼 | |
| | | （2）防水层涂膜平均厚度不得小于 2.0 mm，无裂缝或起泡脱皮现象 | |
| | | （3）新旧防水层连接良好 | |
| | 1－2 防护墙 | （1）无露筋掉块、裂缝 | |
| | | （2）过水孔通畅、防水完好 | |

续上表

| 分类 | 工作项目 | 质量标准 | 附注 |
| --- | --- | --- | --- |
| 1. 桥面 | 1－3 栏杆 | (1)栏杆平直，联结牢固，无扭曲 | |
| | | (2)栏杆构件无缺少、裂损 | |
| | | (3)梁端断开，活动端处能与梁体共同移动 | |
| | | (4)螺杆、螺帽及垫圈除锈彻底，沾油厚度适宜 | |
| | | (5)螺杆无不满帽现象 | |
| | | (6)各种垫圈符合标准无缺少 | |
| | 1－4 作业通道 | (1)钢筋布置、混凝土强度符合要求 | |
| | | (2)作业通道板尺寸符合要求，四角整平，连接牢固，混凝土板平整无裂无损，边缝填塞饱满 | |
| | | (3)电缆槽防水完好，各过水孔通畅 | |
| | 1－5 梁间伸缩装置 | (1)伸缩装置无渗漏水 | |
| | | (2)排水管与橡胶板连接可靠，排水管畅通，排水管出水口伸出墩台顶帽 | |
| 2. 钢结构保护涂装 | 2－1 钢表面清理 | (1)电弧喷铝或涂装环氧富锌底漆，达到 Sa3 级 | |
| | | (2)涂装酚醛、醇酸红丹或聚氨脂底漆，达到 Sa2.5 级 | |
| | | (3)箱形梁内表面涂装环氧沥青底漆，达到 Sa2 级 | |
| | | (4)维护涂装环氧富锌底漆或热喷锌，达到 Sa2.5 级 | |

续上表

| 分类 | 工作项目 | 质量标准 | 附注 |
| --- | --- | --- | --- |
| 2. 钢结构保护涂装 | 2－1 钢表面清理 | (5)附属钢结构涂装红丹底漆或维护涂装红丹底漆，达到 St3 级 | |
| | | (6)涂装涂料涂层时，钢表面粗糙度为 $Rz25 \sim 60\ \mu m$；电弧喷铝时，钢表面粗糙度为 $Rz25 \sim 100\ \mu m$ | |
| | 2－2 涂膜粉化清理 | 涂层表面打磨、污垢清除彻底，不损伤底漆 | |
| | 2－3 腻缝 | 作业范围内，凡可能积水的缝隙内的旧漆污垢除净无漏腻，腻子填实压平，无开裂积水 | |
| | 2－4 涂装涂层 | (1)涂装体系、层数、厚度、间隔时间、环境符合规定 | |
| | | (2)涂层表面平整均匀，新旧涂层衔接平顺，色泽不匀不超过 5% | |
| | | (3)无剥落、裂缝，附着力不小于 3 MPa | |
| | | (4)无起泡、气孔 | |
| 3. 混凝土梁拱及墩台 | 3－1 抹面 | 抹面压实，裂缝、空响面积不超过 1%，砂浆符合规定 | |
| | 3－2 压浆及修补 | (1)注浆孔位置、深度及灰浆配合比、水灰比符合要求 | |
| | | (2)不因钻孔而损坏原圬工，裂缝和空隙内经压水冲洗，并注满浆。混凝土裂损修补符合《铁路混凝土结构耐久性修补与防护》标准规定 | |
| | | (3)注浆孔用砂浆填实，无裂缝，淌出灰浆清除干净 | |
| | 3－3 裂缝注浆 | (1)采用材料、配合比、工艺符合相关标准规定 | |
| | | (2)裂缝间关系明确，注浆孔布置准确 | |

续上表

| 分类 | 工作项目 | 质量标准 | 附注 |
|---|---|---|---|
| 3. 混凝土梁拱及墩台 | 3－3 裂缝注浆 | (3)缝内注浆饱满,无漏注 | |
| | | (4)封缝胶、注浆嘴清理干净 | |
| | 3－4 排水系统整修 | (1)管道畅通,无杂物堵塞 | |
| | | (2)排水不污染梁体、墩台 | |
| | | (3)管件联结良好,不渗漏水 | |
| | | (4)箱梁箱室内不积水 | |
| | 3－5 混凝土及钢筋混凝土 | (1)混凝土配合比、水灰比、各部尺寸符合要求 | |
| | | (2)钢筋的品种规格应符合设计要求,并有相关的检验报告 | |
| | | (3)钢筋的锈蚀、油污清除干净、加工正直,组配及弯曲尺寸符合设计要求。在“同一截面”内,受力钢筋闪光接触对焊接头在受拉区不得超过50%,电焊接头应错开,主筋横向位置偏移不大于±7.5 mm,箍筋位置偏移不大于±15 mm,其他钢筋位置偏移不大于±10 mm | |
| | | (4)新旧混凝土连接按规定凿毛并埋设钎钉(钎钉直径、间距及埋深符合设计要求),冲洗干净 | |
| | | (5)混凝土拌和均匀,分层灌筑,捣固密实,施工接缝连接牢固 | |
| | | (6)混凝土表面平整无裂缝、麻面、蜂窝、石料裸露及突出条痕 | |

续上表

| 分类 | 工作项目 | 质量标准 | 附注 |
| --- | --- | --- | --- |
| 4. 整修支座 | 4－1 支座整修 | (1)支座位置平整密实,各部分相互密贴 | |
| | | (2)锚栓无松动、缺少 | |
| | | (3)排水良好,无翻浆、流锈 | |
| | | (4)支座调高符合设计要求,支座各构件符合相关技术标准 | |
| | | (5)支座钢质部分保护涂装符合钢结构涂装要求 | |
| | | (6)防尘罩安装符合设计要求 | |
| | 4－2 支座砂浆 | (1)原圬工面凿毛洗净。水灰比、砂浆配合比符合规定,拌和均匀,捣固密实,周围抹面平整,无裂缝、空响 | |
| | | (2)与座板密贴,局部缝隙小于0.5 mm,深度小于30 mm | |
| | | (3)排水良好 | |
| | | (4)支座螺栓灌浆孔内凿除彻底、清孔干净,灌浆后无空隙,不积水 | |
| 5. 涵洞整修 | 5－1 涵洞整修 | (1)勾缝无脱落,节缝无渗漏水、漏土 | 混凝土部分标准与梁拱墩台相同 |
| | | (2)清除淤积,排水通畅 | |
| | | (3)沉降缝填充完好 | |
| 6. 隧道整修 | 6－1 隧道整修 | (1)整治漏水后无渗水 | |
| | | (2)水沟、盲沟、盲管、检查井无淤积、堵塞,盖板齐全有效 | |

续上表

| 分类 | 工作项目 | 质量标准 | 附注 |
|---|---|---|---|
| 6. 隧道整修 | 6－1 隧道整修 | (3)混凝土裂损修补符合混凝土修补要求 | |
| | | (4)洞口边、仰坡排水通畅，水沟无渗漏 | |
| 7. 整修加固防护及河调建筑物 | 7－1 浆砌料石或块石 | (1)砌体尺寸、材料、砂浆等级符合设计要求，并有记录 | |
| | | (2)石料清洁，无风化、无水锈、无裂纹 | |
| | | (3)旧砌体损坏部分清除彻底、清洗干净，并且砂浆抹平，新旧砌体联结牢固 | |
| | 7－2 浆砌片石 | (1)基底应符合设计要求，岩石基底表面无风化及松软土石。非基底夯实平整，表面无浮土杂物，土质基底铺有砂石垫层，厚度符合规定 | |
| | | (2)缝宽：两层片石间错缝不少于8 cm；三块石料相砌，内切圆不大于70 mm，砌缝宽度2～4 cm；灰缝超限处所每10 $m^2$ 不超过5处 | |
| | | (3)砌体坡度平顺，用2 m弦线量，凹凸不超过±30 mm | |
| | | (4)分层砌筑(每层约1 m左右找平)，丁顺相间，无松动及空隙，大面向下咬接密实，石块间砂浆饱满 | |
| | | (5)泄水孔、伸缩缝设置适当 | |
| | 7－3 干砌片石 | (1)砌体尺寸符合要求 | |
| | | (2)石质无风化、裂缝，片石中部厚度不少于15 cm | |
| | | (3)碎石垫层夯实平稳，厚度不小于10 mm | |
| | | (4)大块在底层，大面向下，咬接密实，支垫稳固 | |

续上表

| 分类 | 工作项目 | 质量标准 | 附注 |
|---|---|---|---|
| 7. 整修加固防护及河调建筑物 | 7－3 干砌片石 | (5)砌石面坡平顺，用 2 m 弦线丈量凹陷矢度不超过 40 mm | |
| | 7－4 勾缝 | (1)勾缝无脱落 | |
| | | (2)勾缝深度不小于 30 mm，新旧缝相接良好，砂浆符合规定，勾缝压实。断道空响处所不超过 3% | |
| 8. 整修其他设备 | 8－1 修理及增设水位标尺 | 位置、式样符合要求，尺寸准确，描绘整齐鲜明，并标出历史最高洪水位及发生年、月、日 | |
| | 8－2 整修或增设其他标志 | 位置、式样符合要求，尺寸字样准确，标志清晰 | |
| | 8－3 整修或增设安全检查设备 | 位置、式样符合要求，质量参照钢结构、混凝土部分标准 | |